LIBERTAD
EN UN MUNDO
OBSESIONADO
POR EL
SEXO

Neil T. Anderson

EDITORIAL
UNILIT

Sepa

Publicado por
Editorial Unilit
Miami, Fl. 33172
Derechos reservados.

Serie Rompiendo las Cadenas
© 2005 Editorial Unilit (Spanish Translation)
Primera edición 2005

Originalmente publicado en inglés con el título:
The Bondage Breaker® Series
Finding Freedom in a Sex-Obsessed World
© 2004 por Neil T. Anderson
Publicado por Harvest House Publishers
Eugene, Oregon 97402
www.harvesthousepublishers.com

The Bondage Breaker® Series
Finding Freedom in a Sex-Obsessed World
Copyright © 2004 by Neil T. Anderson
Published by Harvest House Publishers
Eugene, Oregon 97402
www.harvesthousepublishers.com

Traducción: *Ricardo Acosta*
Edición: *Rojas & Rojas Editores, Inc.*
Fotografía de la portada: *EyeWire Image Library*

Las citas bíblicas se tomaron de la Santa Biblia, Versión Reina Valera 1960
© Sociedades Bíblicas Unidas; *La Santa Biblia, Nueva Versión Internacional*
© 1999 Sociedad Bíblica Internacional. *Dios Habla Hoy*, la Biblia en Versión Popular
© 1966,1970,1979 por la Sociedad Bíblica Americana, Nueva York.
Usadas con permiso.

Producto 496781
ISBN 0-7899-1233-3

Impreso en Colombia
Printed in Colombia

A mi esposa, Joanne.

Tú eres mi ayuda idónea, mi mejor amiga y confidente.
Te amo.

Reconocimientos

Le felicito por obtener este libro. Muestra que usted tiene el valor de enfrentarse a la verdad con el deseo de hallar su libertad en Cristo, o la de un ser querido.

El tiempo que me tomó escribir este libro fue solo una fracción del tiempo que he pasado con personas adoloridas. La mayoría han sido víctimas de abuso sexual, y muchos fueron arrastrados por sus lujurias, seducidos por un mundo que desciende en trastornada espiral hacia un foso de locura sexual. Muchas de las víctimas de abusos luego han cometido abusos. Todos portan la vergüenza de un templo profanado y se apocan ante las acusaciones del diablo. Son hijos, cónyuges, amigos y compañeros nuestros. Si escuchas sus historias, lloras con ellos.

Quiero darle las gracias a mi amigo, el Dr. Charles Mylander, por leer el manuscrito y escribir el prólogo. Con los editores de Harvest House Publishers siempre ha sido un placer trabajar. Me han ayudado a ser un mejor escritor.

Por último, quiero darle las gracias a mi esposa, Joanne, que lee todos mis manuscritos, y a quien he dedicado este libro.

Contenido

Para los que están luchando

ME HUBIERA GUSTADO TENER ESTE poderoso libro cuando me encontraba luchando salvajemente con pensamientos lujuriosos. Durante años estos pensamientos plagaron mi mente e irritaron mi alma. Hice todo lo que creía que un cristiano debía hacer —estudio y memorización de la Biblia, nuevas experiencias con Dios y esfuerzos por autodisciplinarme—, pero nada parecía dar resultados permanentes.

También oré durante esos tiempos de lucha —Dios sabe que lo hice—. Me arrepentí y dejé atrás mis pecados más veces que las que puedo recordar. Dios contestaba mis oraciones al instante, pero los pensamientos lujuriosos siempre regresaban. Aunque no caí en una relación adúltera y evité la pornografía como si fuera la plaga, la lujuria era el campo de batalla en mi experiencia cristiana. Daba tres pasos adelante y dos pasos para atrás, luego dos pasos adelante y tres hacia atrás, y entonces uno adelante y cuatro para atrás.

Sí, había momentos en tierra santa de victoria fresca delante de Dios. Me fascinaban. Pero luego venían las semanas e incluso los meses agonizantes de derrota. Los odiaba y odiaba mi pecado, sin embargo no podía evitarlo. Romanos 7 describe mi experiencia perfectamente. Estudié el mensaje de Romanos 6 y 8 y traté de aplicarlo. De alguna manera daba resultados en cada aspecto de mi vida menos en una. Parecía no poder vivir constantemente en el Espíritu en cuestiones de lujuria. Había algo compulsivo en cuanto a mis pensamientos que me parecía anormal. No me imaginaba cuán real era el problema espiritual en verdad.

Durante esos años de silenciosas y ocultas luchas, sentí que no tenía a nadie con quien hablar. Luego me di cuenta de que no había nadie con quien yo *quisiese* hablar. Mi orgullo y vergüenza casi acabaron conmigo. Describo el momento decisivo en mi libro *Running the Red Lights*. Ese momento concluyente fue eficaz para hacerme libre en Cristo, pero ahora sé que fue innecesario que yo esperara tanto.

El sencillo y penetrante concepto de este libro de renunciar a todo uso sexual de mi cuerpo y de mi mente fuera del matrimonio fue muy provechoso la primera vez que lo oí. Mis tentaciones eran mucho más normales en ese entonces, y la compulsión ya había cesado. Sin embargo, cuando le pedí a Cristo que trajera a mi mente cada caso de pecado sexual, inmediatamente pensé en tres vívidos recuerdos. Cada uno fue, ahora creo, un punto de apoyo que Satanás y sus demonios usaron para levantar una fortaleza en mi mente. El renunciamiento a cada uno de ellos me produjo una libertad y un gozo nunca antes vividos.

En aquellos días de luchas sin cuartel no sabía de la actividad de Satanás de poner sus malos pensamientos en mi mente. No conocía mi verdadera identidad como un hombre crucificado, sepultado, resucitado y sentado con Cristo (Gálatas 2:20; Romanos 6:4; Efesios 2:4-6). No sabía cómo aplicar la gracia y la verdad de Dios para llevar cautivo todo pensamiento a la obediencia a Cristo. No entendía la autoridad e influencia sobre el maligno que es mía en Cristo. El Señor sí me enseñó muchas lecciones sobre cómo llegar a ser un ganador y cómo vencer la lujuria, pero si en su momento hubiese tenido este libro, Cristo me hubiera hecho libre muchos años antes.

La mayoría de los cristianos necesitan este mensaje desesperadamente, o para su lucha presente o para algo de su pasado que no se ha resuelto. Cualquier libro bueno es como un pastel de cerezas. Algunos lectores siempre encontrarán una semilla teológica y tendrán ganas de tirar todo el pastel. Por favor, no haga eso. El mensaje de este libro tiene el potencial de mostrarle a millones de personas cómo Cristo puede librarlos de la esclavitud sexual. Léalo, regálelo y disemine la noticia.

Dr. Charles Mylander
Director ejecutivo de Evangelical Friends Mission

Usted puede experimentar la libertad

La VIDA DE RICK ERA UNA INTERMINABLE búsqueda de intimidad. Cuando era un niño su abuela abusó sexualmente de él después del suicidio de su padre. Siendo ya un joven, inició una búsqueda desesperada por llenar el vacío que en su vida había. Después de casarse con su novia Emily, a quien conoció en la universidad, siguió tratando de tapar su amargura y dolor con encuentros sexuales extramaritales y trabajo excesivo, buscando la aprobación de los demás, pero nada de esto le daba resultados. Emily perdió la paciencia y se fue.

Mientras escuchaba un casete del Dr. Charles Stanley, Rick cayó de rodillas y le pidió a Jesús que lo salvara de sí mismo y del pecado, pues el pecado nunca cumplía lo que le prometía. Entonces se reconcilió con su esposa y juntos tuvieron cuatro hijos. Para los demás, ellos aparentaban ser una familia cristiana respetable.

Rick, sin embargo, seguía obsesionado por las mentiras de que sus necesidades de aceptación, seguridad y significado de alguna manera podían suplirse si satisfacía su lujuria por el sexo, la comida, la aceptación social y el reconocimiento en el trabajo. Cayó de nuevo en sus viejos patrones de inmoralidad. Tenía relaciones sexuales con numerosas personas, incluyendo una mujer casada, mientras continuaba haciendo el papel del esposo y padre cristiano. Su doble vida llenaba su alma de confusión.

Devastado por la ruptura de una de sus relaciones amorosas, Rick le confesó todo a su familia e ingresó en un programa de tres meses para el tratamiento de sus adicciones. Emily estaba destrozada y le dijo que no regresara a su casa. El consecuente divorcio hizo que Rick tratara de renovar su fe en Cristo. Oró y se comprometió a no volver a tener relaciones sexuales durante los noventa días de tratamiento. Sin embargo, su perpetua creencia de que la mujer correcta llenaría su profunda y aparentemente insaciable necesidad de amor solamente lo condujo a más fracasos. Aunque seguía teniendo devociones diarias, buscando la dirección de Dios y «testificando» a sus compañeros de trabajo, nuevamente se involucró con una mujer casada.

Durante años Rick estuvo en una montaña rusa emocional. Sus convicciones lo conducían a terminar las relaciones y a volver al Señor, y luego los problemas personales y la depresión lo conducían de nuevo a los mismos viejos patrones carnales de relaciones sexuales y comida. Se sentía incapaz de controlar su comportamiento.

> Mi «alcahueta» repetidamente me prometía realización si me prostituía una sola vez más. Pero nunca cumplía su promesa. Para mí la vida era como empujar un auto. Cuando las cosas iban bien, solo requería un poco de esfuerzo. Pero cada vez que trataba de empujar el carro por encima de la montaña de mi esclavitud sexual, este rodaba hacia atrás y me pasaba por encima, y yo quedaba desesperado, herido y otra vez sin esperanzas. No podía detener este ciclo por mucho que buscara a Dios. Mi adicción sexual regía todo en mi vida. La odiaba, sabía que me destruía de adentro hacia afuera, pero seguía obedeciendo a mi alcahueta mental.

La piadosa madre de Rick lo animó a asistir a la conferencia «Living Free in Christ» [Viviendo libre en Cristo] de nuestro ministerio. Durante la primera noche de la conferencia, las fantasías sexuales asediaron su mente. Sin embargo, oyó una declaración que le dio algo de esperanza: «Así que, si el Hijo os libertare, seréis verdaderamente libres» (Juan 8:36). Rick dice: «Sabía que no era libre. No tenía poder para terminar mi búsqueda infructuosa de realización y satisfacción en el sexo, la comida y el trabajo».

Rick pidió una cita para verse conmigo en privado durante la conferencia:

Sabía mientras conducía mi auto hacia la reunión que algo iba a suceder. Me parecía que el corazón me iba a explotar. Una guerra se libraba dentro de mí. Mi alcahueta mental, esa voz interna que había controlado mi vida durante años, no quería que fuera. Pero yo estaba determinado a experimentar la libertad de la que Neil hablaba.

Esperaba que él me golpeara la cabeza y me gritara exorcismos. Yo caería al suelo y me sacudiría incontrolablemente hasta que el efecto de su oración me hiciera libre. No ocurrió así. Neil escuchó en silencio mientras yo relataba mi historia, y luego dijo en una voz calmada: «Rick, creo que puedes ser libre en Cristo».

Mientras Neil me dirigía a través de Los Pasos Hacia la Libertad en Cristo, podía oír en mi mente las persistentes mentiras de mi alcahueta. La batalla interna fue intensa, pero me sentía preparado para que se rompieran los grilletes. Así que me arrepentí de mi pecado, renuncié a todas las mentiras en las que había creído, desistí a todo uso sexual de mi cuerpo como instrumento de injusticia y perdoné a todos los que me habían ofendido. Al hacerlo, la paz comenzó a inundarme y a acallar treinta y siete años de mentiras. Sentí un silencio santo en mi mente. La alcahueta se había ido y, ¡gloria a Dios, yo era libre!

La libertad de Rick se puso a prueba inmediatamente. El día siguiente, durante la conferencia, los pensamientos inmorales lo bombardearon. Pero llevó cautivo esos pensamientos a la obediencia a Cristo y eligió creer la verdad de que él era un hijo de

Dios, vivo y libre en Cristo. Esa noche la tentación de ir tras otra relación destructiva lo envolvió. Pero clamó al Señor, y el «silencio santo» regresó.

Rick ha experimentado desde entonces una relación genuina y creciente con su Padre celestial. Ha dejado de ver películas y programas de televisión groseros que tenían mucho que ver con la alimentación de sus hábitos lujuriosos. Sentía deseos de estudiar la Biblia y de orar, ahora que estaba experimentando su libertad en Cristo.

Todo hijo de Dios puede ser libre

Todo hijo de Dios que vive en esclavitud sexual y también los que han sufrido abuso sexual pueden liberarse de su pasado y experimentar libertad en Cristo. Solo entonces podrán continuar en el proceso de conformarse a la imagen de Dios. Jesús rompió el poder del pecado en la cruz, derrotó al diablo, nos hizo nuevas criaturas en Él y libres de nuestro pasado para que podamos ser para lo que Él nos creó. Esta verdad puede ser para cualquiera que ponga su confianza en Dios y sinceramente se arrepienta de sus pecados.

Le cuento la historia de Rick para ofrecerle esperanza e ilustrar que nadie tiene un problema que es solamente sexual. Los centros de tratamiento seculares y un gran número de programas de autoayuda no le ofrecieron a Rick ningún éxito en cuanto a resolver su adicción sexual, la cual estaba ligada a sus experiencias cuando niño y a cada aspecto de su vida. Para él, la promiscuidad sexual era un intento autogratificante de ser alguien. Cuando tratamos de hallar la autoverificación por medio de la apariencia, el desempeño o el estatus social en este mundo caído, fracasaremos. Las personas no tienen problemas sexuales ni problemas de alcohol o matrimoniales, sino problemas de la vida. Todos nuestros problemas están inextricablemente entrelazados con nuestras relaciones con Dios, el dios de este mundo y nuestros familiares, amigos, vecinos y compañeros de trabajo. El sexo no es solo un fenómeno físico, sino que está relacionado en forma integral con nuestra alma y es parte de nuestra espiritualidad.

Quiero que quede claro que yo no liberé a Rick. Tampoco lo hicieron Los Pasos Hacia la Libertad en Cristo,* los cuales solo son una herramienta que le da estructura al proceso de arrepentimiento para ayudar a las personas a someterse a Dios y resistir al diablo (Santiago 4:7). Conocer la verdad, seguido por un arrepentimiento genuino, es lo que hizo libre a Rick. Solo Jesús puede hacer libres a los cautivos y vendar a los quebrantados de corazón. Rick no es un pervertido sexual, un adúltero ni un fornicario. Es un hijo de Dios, un coheredero con Cristo y una nueva criatura en Cristo. Conocer su identidad y posición en Cristo es lo que le facilita vivir una vida justa por fe en el poder del Espíritu Santo.

En este libro consideraremos nuestra sexualidad a la luz del plan original de Dios en la creación. Luego discutiremos el efecto de la caída y cómo el pecado pervierte nuestro carácter y entendimiento. Examinaremos algunas pautas del Antiguo Testamento en cuanto a la pureza sexual y al matrimonio y explicaré por qué nadie pudo vivir una vida justa bajo la ley. Utilizaré la historia de David para ilustrar la caída cuesta abajo a la esclavitud sexual. Por último, hablaremos de la respuesta de Dios para la libertad y pureza sexual bajo el pacto de la gracia. Cada hijo de Dios es vivo y libre en Cristo, y cada uno de nosotros puede experimentar la libertad si conocemos la verdad y estamos dispuestos a arrepentirnos. Que el buen Señor le permita hacer eso mismo.

* (vea el capítulo 8 para más información sobre los Pasos)

CAPÍTULO UNO

Problemas en el huerto

*La sexualidad humana es algo demasiado noble y bello,
una experiencia demasiado profunda para convertirla
en una mera técnica o un alivio físico, o en un
tonto e irrelevante pasatiempo.*

J. V. L. CASSERLEY

DIOS REVELÓ SU PLAN PARA LA VIDA Y SALUD SEXUAL de la
humanidad en el relato de la creación en Génesis 2:18,21-25:

> Y dijo Jehová Dios: No es bueno que el hombre
> esté solo; le haré ayuda idónea para él ... Entonces
> Jehová Dios hizo caer sueño profundo sobre Adán, y
> mientras este dormía, tomó una de sus costillas, y cerró
> la carne en su lugar. Y de la costilla que Jehová Dios
> tomó del hombre, hizo una mujer, y la trajo al hombre.
> Dijo entonces Adán: Esto es ahora hueso de mis
> huesos y carne de mi carne; esta será llamada Varona,
> porque del varón fue tomada. Por tanto, dejará el
> hombre a su padre y a su madre, y se unirá a su mujer,
> y serán una sola carne.
> Y estaban ambos desnudos, Adán y su mujer, y
> no se avergonzaban.

Dios creó a Adán a su imagen y sopló aliento de vida en él, y Adán cobró vida espiritual y física. Sin embargo, algo faltaba. No era bueno que Adán estuviera solo: necesitaba una ayuda idónea. Ninguno de los animales que Dios creó podía suplir adecuadamente su necesitad ni tener una relación complementaria con él. Por lo tanto, Dios creó a Eva de la costilla de Adán. La nueva pareja estaba desnuda y no se avergonzaban. No existían partes sucias ni vergonzosas de sus cuerpos. Las relaciones sexuales íntimas no se separaban de sus relaciones con Dios. No había pecado ni nada que ocultar, así que Adán y Eva no tenían por qué cubrir su desnudez.

El propósito y la responsabilidad de esta primera pareja era: «Fructificad y multiplicaos; llenad la tierra, y sojuzgadla» (Génesis 1:28). La intención detrás del sexo era tanto la procreación como el placer. Ellos no «hacían» el amor. Las caricias y el contacto sexual eran medios por los cuales ambos podían expresar su amor mutuo y multiplicarse. Se les otorgó una gran libertad siempre que permanecieran en una relación de dependencia de Dios. Tenían una vida perfecta y podrían haber vivido para siempre en la presencia de Dios, que suplía todas sus necesitadas.

La caída y sus consecuencias

Pero Satanás también estaba presente en el universo. El Señor le había mandado a Adán y Eva no comer del árbol del conocimiento del bien y el mal o morirían (Génesis 2:17). Satanás cuestionó y torció el mandamiento de Dios y tentó a Adán y Eva por medio de los mismos tres canales de tentación que existen hoy: «Los deseos de la carne, los deseos de los ojos y la vanagloria de la vida» (1 Juan 2:16). Engañados por la astucia de Satanás, Eva desafió a Dios y comió el fruto prohibido, y Adán optó por seguirla en su desafío y también comió.

En ese preciso momento Adán y Eva murieron espiritualmente, lo que significa que se cortó su relación íntima con Dios. Muchos años después, murieron físicamente, lo cual también es una consecuencia del pecado (Romanos 5:12). La decisión de pecar arruinó su vida perfecta en el huerto. Llenos de culpa y vergüenza, «fueron abiertos los ojos de ambos, y conocieron que estaban desnudos; entonces cosieron hojas de higuera, y se hicieron delantales ... y el hombre y su mujer se escondieron de la presencia de Jehová Dios entre los árboles del huerto» (Génesis 3:7-8). La caída afectó la vida de Adán y Eva de muchas maneras. Primero, *entenebreció sus mentes*. Al tratar de esconderse de Dios, revelaron que habían perdido la verdadera comprensión de quién era su Creador, ya que nadie se puede esconder de un Dios omnipresente. Se les ensombreció el entendimiento porque se separaron de la vida de Dios (Efesios 4:18). Aun hoy la persona natural no puede entender las cosas espirituales «porque se han de discernir espiritualmente» (1 Corintios 2:14).

Segundo, *la caída afectó sus emociones*. La primera emoción que expresaron Adán y Eva después de la caída fue el temor. Cuando Dios vino a buscar a la pareja, Adán le dijo: «Oí tu voz en el huerto, y tuve miedo, porque estaba desnudo; y me escondí» (Génesis 3:10). Hasta el día de hoy, los trastornos de ansiedad son el problema número uno de salud mental en el mundo, y «no temas» es el mandamiento más repetido en las Escrituras.

Aquellos que viven con la culpabilidad y la vergüenza quieren esconderse y cubrirse. El temor los conduce lejos de cualquier tipo de exposición de su mundo interior. Sin el amor y la aceptación incondicionales de Dios, huyen de la luz o tratan de desacreditar su fuente. Incapaces de cumplir con las eternas normas de moralidad de Dios, enfrentan la expectativa de seguir viviendo en la culpabilidad y la vergüenza, o como Adán, le echan la culpa a otra persona (Génesis 3:12).

Tercero, *la caída también afectó la voluntad de Adán y Eva*. Antes de pecar, podían tomar solo una mala elección: comer del árbol del conocimiento del bien y el mal, lo cual estaba prohibido. Las demás alternativas en el huerto eran buenas. Sin embargo, debido a que Adán y Eva tomaron esa elección equivocada, después de esto se enfrentaron diariamente con elecciones buenas y malas, así como nosotros hoy. Podemos escoger orar o no orar, creerle a Dios o no creerle. Podemos ceder o no ceder a una variedad de tentaciones que nos presentan el mundo, la carne y el diablo. La esclavitud sexual es el resultado de malas elecciones.

Necesitamos la luz

Como resultado de la caída, estamos totalmente indefensos y no tenemos esperanza de escapar de la esclavitud del pecado sin Dios. Ninguna persona que vive independientemente de Dios puede vivir una vida justa ni resistir la convicción de su perfecta luz.

«Porque todo aquel que hace lo malo, aborrece la luz y no viene a la luz, para que sus obras no sean reprendidas. Mas el que practica la verdad viene a la luz, para que sea manifiesto que sus obras son hechas en Dios» (Juan 3:20-21).

El primer paso de recuperación para cualquier persona en esclavitud sexual es dejar de esconderse en las tinieblas y enfrentarse a la verdad en la luz. Muchas personas me han dicho que quieren escapar de la esclavitud sexual porque están cansadas de vivir una mentira. La esclavitud al sexo es una de las cosas de las que se miente con más facilidad.

Por ejemplo, los efectos de la adicción a la comida (comer demasiado, anorexia o bulimia) se revelan en nuestra apariencia física. La adicción a las drogas o al alcohol afectará nuestro funcionamiento, lo cual es discernible a los demás. Los que viven en esclavitud sexual, sin embargo, tienen pocas indicaciones obvias que otros puedan ver, a menos que se los exponga o que contraigan alguna enfermedad transmitida sexualmente. Usted puede ser el presidente de los Estados Unidos y tener una adicción sexual, pero dudo que pudiese llegar a ser presidente si tiene una adicción química. Trágicamente, las personas químicamente adictas suelen ser adictos al sexo, pero no buscan tratamiento para su adicción sexual a menos que se vean descubiertos.

Un rebelde usurpa la autoridad

Cuando Adán y Eva pecaron, Satanás usurpó el dominio que tenían en la tierra y se convirtió en el dios de este mundo. Satanás tentó a Jesús. Le ofreció los reinos de este mundo si Él, postrado, lo adoraba (Lucas 4:6). Jesús no disputó la declaración de Satanás de tener autoridad espiritual terrenal y hasta se refirió a él como «el príncipe de este mundo» (Juan 12:31; 14:30; 16:11). Pablo llamó a Satanás el «príncipe de la potestad del aire» (Efesios 2:2). Como resultado de la caída de Adán y Eva, «el mundo entero está bajo el maligno» (1 Juan 5:19).

La buena noticia es que el plan de Dios para la redención estuvo en marcha en el instante mismo en que Satanás les arrebató la autoridad a Adán y Eva. El Señor maldijo a la serpiente y predijo la caída de Satanás (Génesis 3:14-15), la cual Cristo logró en la cruz. La suprema autoridad en el cielo y en la tierra pertenece a Jesús. Los días en que Satanás controla los reinos de este mundo están contados.

Debido a que somos descendientes físicos de Adán y Eva, todos nacemos muertos espiritualmente y vivimos bajo el dominio de Satanás. Pero cuando recibimos a Cristo, Él nos transfiere del reino de Satanás al Reino de Dios (Colosenses 1:13; Filipenses 3:20). Satanás todavía es el gobernante de este mundo, pero no sigue siendo *nuestro* gobernante. Jesucristo es el Señor de nuestra vida. El engañador no puede hacer nada acerca de nuestra posición en Cristo, pero sí puede lograr que creamos que nuestra identidad y posición en Cristo no son verdaderas, viviremos como si eso fuera cierto.

Aun como miembros del reino de Cristo, todavía somos vulnerables a las acusaciones, tentaciones y engaños de Satanás. Si cedemos a sus asechanzas, Satanás puede influir nuestros pensamientos y comportamiento. Y si permanecemos bajo su influencia lo suficiente y no lo resistimos, Satanás obtendrá control sobre nuestra vida. Una forma importante de dominación es la sexual.

Eso es lo que le pasó a Rick, cuya historia conocimos en la introducción. Antes de llegar a ser cristiano, tomó algunas decisiones pecaminosas que lo llevaron a la esclavitud sexual. No se había recuperado del abuso sexual sufrido y optó por ser sexualmente promiscuo. Después de dar su vida a Cristo, una molesta voz interior lo tenía convencido de que las relaciones sexuales inmorales eran la respuesta a su búsqueda de amor. No fue hasta que Rick entendió su identidad en Cristo y ejerció su autoridad en Él que pudo silenciar por fin esas mentiras y liberarse de la esclavitud sexual.

Las semillas de la esclavitud sexual

La mayoría de las personas que vienen a nuestro ministerio están lidiando con algún tipo de problema sexual. La continua batalla cósmica entre el Reino de Dios y el reino de las tinieblas con frecuencia se manifiesta en el pecado sexual porque el sexo es la manera por la cual se siembran las semillas de la reproducción en ambos reinos.

Los cristianos que respetan y obedecen las directivas de Dios en las Escrituras en cuanto a la pureza sexual obtendrán una cosecha de paz y justicia. Las personas que ignoran el llamado de Dios a la pureza sexual están sembrando en el reino de Satanás y obtendrán una cosecha de dolor y angustia. El fruto de las semillas que se siembran en estos dos reinos impacta en gran medida en nuestro mundo y en nuestras relaciones familiares. El adulterio y el incesto destruyen ministerios y despedazan a familias por generaciones.

Una de las armas principales de Satanás para arruinar las relaciones es la impureza sexual. La mala conducta sexual destruye más matrimonios y ministerios cristianos que cualquier otra razón. Las personas que viven en esclavitud sexual secreta no tienen gozo ni en el matrimonio ni en el ministerio. Por el contrario, los creyentes que se dedican a una vida de pureza moral están produciendo frutos en el Reino de Dios. El resultado es un impacto positivo de la rectitud en sus matrimonios, hijos, amigos y compañeros de trabajo.

La fuerte conexión entre el reino satánico de las tinieblas y la esclavitud sexual la vi ilustrada durante una de mis conferencias. David llegó a nosotros aconsejado por el equipo pastoral de la iglesia que nos hospedaba. Era un hombre de negocios de éxito que aparentaba tenerlo todo a su favor. Sin embargo, su esposa lo acababa de dejar debido a su adicción a la pornografía. Un miembro de nuestro equipo se vio con él para llevarlo por Los Pasos Hacia la Libertad en Cristo.

Cuando llevamos a las personas a través de los Pasos, a veces discernimos que necesitan renunciar a toda participación previa en actividades satánicas u ocultas, aun si no se acuerdan de ellas. Al renunciar David a haber hecho cualquier pacto con Satanás, sintió que se sacudía profundamente cuando el Señor le reveló una experiencia de su pasado. Recordó un encuentro de pesadilla con un ser espiritual que le ofreció todo el sexo y las mujeres que él deseara, si solo le decía que lo quería. Al principio David rehusó, y no estaba seguro de estar despierto o soñando. Pero se rindió, y dijo que amaba a Satanás. Sembrar esa semilla en el reino de Satanás resultó en la esclavitud sexual que estaba arruinando su matrimonio y su vida.

El propósito de Dios

Dondequiera que prospera el reino de las tinieblas se desenfrena y pervierte el propósito de Dios tanto en cuanto a la reproducción como a las relaciones sexuales. En el Antiguo Testamento se dice que los paganos honraban a Moloc, una detestable deidad semita, a través del sacrificio en llamas de sus hijos (su semilla), una práctica que Dios prohibió estrictamente (Levítico 18:21; 20:1-5). Había muchos otros dioses paganos en los tiempos bíblicos, cuya adoración incluía la perversidad sexual. Quemos, la deidad nacional de los moabitas, requería el sacrificio de niños, y Diana de Éfeso tenía una naturaleza explícitamente sexual. La devoción a *cualquiera* o a *cualquier cosa* fuera de nuestro Dios creador es idolatría, y la idolatría siempre conduce a alguna perversión de la pureza moral.

La perversión sexual precipitó la caída del Imperio Romano. ¿Cuán cerca está América de una muerte similar? Antes era difícil encontrar material pornográfico, pero ahora todo cuarto de hotel es un salón de pornografía, así como cada oficina o cuarto en nuestras casas que tiene una computadora conectada a la Internet. Canadá se está moviendo con rapidez para legalizar los «matrimonios» homosexuales. El mismo esfuerzo está en marcha en los Estados Unidos, y las películas y los programas de televisión presentan a los individuos y a las parejas homosexuales como personas «liberadas» que tienen que educar a los «no iluminados». A cualquiera que tome la posición de la moralidad sexual tradicional lo consideran un intolerante o un «homófobo».[1]

Sin embargo, el diablo nunca ha podido hacer más que detener temporalmente el plan de Dios de propagar a los moralmente puros hijos de Dios y llenar la tierra de ellos. Después de la caída, Dios contraatacó a Satanás presentando un plan para la redención por medio de la semilla de la mujer (Génesis 3:15). Satanás estuvo detrás de la orden de Faraón de matar a todos los niños varones que nacieran en Egipto cuando Dios estaba levantando a Moisés para liberar a su pueblo (Éxodo 1—2).

Cuando Cristo nació, Herodes proclamó un decreto para matar a todos los niños varones de menos de dos años de edad. Pero como nos reporta Mateo (2:7-23), el Señor le dijo a José en un sueño acerca del plan, y este se llevó a María y al niño Jesús a Egipto (hoy, al ver los despiadados abortos de millones de niños nonatos en defensa de una «elección», tenemos que preguntarnos cuál será la gran liberación que Dios tiene reservada para su pueblo, y preguntar: «¿Qué estará Satanás tratando de impedir esta vez?»).

Incapaz de detener el nacimiento del Mesías, Satanás instigó a Judas, uno de los discípulos del Señor, a traicionarlo. Ese plan malicioso obró a favor de Dios. La tumba no podía aguantar a Jesús, y su Resurrección selló el destino de Satanás para siempre.

Satanás es un enemigo derrotado. A pesar de la perversión actual del sexo y la reproducción, podemos tener esperanzas. Dios tiene un plan, y este triunfará.

CAPÍTULO DOS

Dios tiene un plan

—————⊳•●•⊲—————

Cuando las relaciones sexuales se separan del amor
da la sensación de que a uno lo han detenido ante el
vestíbulo del castillo del placer.

FULTON SHEEN

DIOS NOS CREÓ COMO SERES SEXUALES: hombre y mujer.
Nuestro género se determinó en la concepción, y toda nuestra
anatomía sexual está presente cuando nacemos. La estructura
molecular de una muestra de piel, aun de un bebé, revela el sexo, y
lo mismo la saliva (a las atletas se les comprueba el género con una
muestra tomada de la boca). Dios no se opone a las relaciones
sexuales; ¡Él las creó! David proclamó: «Porque tú formaste mis
entrañas; Tú me hiciste en el vientre de mi madre. Te alabaré; porque formidables, maravillosas son tus obras; estoy maravillado, y
mi alma lo sabe muy bien» (Salmo 139:13-14).

Ver las relaciones sexuales como algo malo no es una posición
correcta ante lo que Dios creó y llamó bueno. «Porque todo lo
que Dios creó es bueno, y nada es de desecharse, si se toma con
acción de gracias; porque por la palabra de Dios y por la oración
es santificado» (1 Timoteo 4:4-5). Por otro lado, Satanás es malo,
y el pecado distorsiona lo que Dios creó. Negar nuestra sexualidad y mantener la discusión franca de nuestro desarrollo sexual es
ayudar al diablo. Necesitamos decirles a nuestras congregaciones

y a nuestras familias la verdad en cuanto a nuestra naturaleza sexual y ayudarlos a vivir vidas moralmente puras.

Un plan para las edades

Dios bosquejó su plan ideal para el matrimonio en el huerto del Edén antes de que Adán y Eva pecaran: «Por tanto, dejará el hombre a su padre y a su madre, y se unirá a su mujer, y serán una sola carne» (Génesis 2:24). Un matrimonio monógamo y heterosexual ante Dios fue la intención divina: un hombre y una mujer en una unión inseparable y viviendo en dependencia de Dios.

Dios también ordenó a Adán y Eva que procrearan y llenaran la tierra con su descendencia. Si nunca hubieran pecado, quizá el mundo hoy estaría poblado por una raza de personas sin pecado viviendo en perfecta armonía. Pero el pecado de Adán y Eva en el huerto deformó el hermoso plan de Dios. Para no ser muy severos con ellos, es probable que nosotros hubiéramos hecho lo mismo si hubiéramos estado allí. Adán y Eva disfrutaron de condiciones ideales, vivieron en luz perfecta y de todos modos pecaron. No hubiéramos sido mejores que ellos.

A pesar de la caída, Dios no abandonó el plan que tenía con el hombre, la mujer y sus relaciones sexuales. Más bien seleccionó el proceso procreador del matrimonio humano como el vehículo para la redención de la caída humanidad. Dios pactó con Abraham diciéndole: «En tu simiente serán benditas todas las naciones de la tierra, por cuanto obedeciste a mi voz» (Génesis 22:18). La «simiente», o descendencia, de la que Dios hablaba era Cristo (Gálatas 3:16), quien bendeciría al mundo entero al proporcionar salvación a través de su muerte y resurrección.

Había otra faceta en el plan de Dios para el matrimonio en la historia redentora. La relación de pacto del matrimonio entre el esposo y la esposa es un cuadro ordenado por Dios de la relación de pacto entre Dios y su pueblo. A la Iglesia se le llama la esposa de Cristo (Apocalipsis 19:7), y Dios desea recibir para sí mismo una esposa que es santa e irreprensible, sin «mancha ni arruga ni cosa semejante» (Efesios 5:26-27). La pureza y fidelidad de un matrimonio cristiano debe ser un ejemplo práctico de la pureza y fidelidad que Dios desea en nuestra relación con Él.

La Biblia prohíbe la inmoralidad sexual por dos razones que están relacionadas. Primero, la infidelidad o el pecado sexual violan el plan de Dios para la santidad del matrimonio humano. Cuando se relaciona sexualmente con alguien que no es su cónyuge, ya sea física o mentalmente a través de la lujuria y la fantasía, destruye el designio de Dios. Usted se une con esa persona, y así mancha la imagen de «un hombre y una mujer», y rompe el pacto con su cónyuge (1 Corintios 6:16-17). Dios nos creó para ser una sola carne con una sola persona del sexo opuesto. Cuando comete un pecado sexual con otra persona, se hace una sola carne física y mentalmente, lo cual resulta en una atadura sexual. Por esto Pablo lo llama pecado contra su propio cuerpo.

Segundo, cuando usted comete adulterio, desfigura la imagen del pacto entre Dios y su pueblo que el matrimonio debía ser. Considérelo: una relación amorosa, pura y comprometida entre un esposo y una esposa es una ilustración para el mundo de la relación que Dios desea tener con su cuerpo, la Iglesia. Cada acto de inmoralidad sexual entre su pueblo mancha esa imagen.

El plan de Dios en el Antiguo Testamento

No pasaron muchas generaciones antes de que los descendientes de Abraham se hallaran en cautiverio en Egipto. Dios levantó a Moisés para liberar a su pueblo y les proveyó una ley para gobernar sus relaciones en la Tierra Prometida, incluso sus relaciones sexuales. Seis de los diez mandamientos de Éxodo 20 tienen que ver con la fidelidad matrimonial.

1. *No tendrás dioses ajenos delante de mí* (versículo 3). El pecado sexual viola este mandamiento porque eleva el placer sexual por encima de nuestra relación con Dios. Dios es un Dios celoso. No tolerará un rival, incluso el dios de nuestros apetitos impuros.

2. *Honra a tu padre y a tu madre* (versículo 12). El pecado de cualquier tipo, incluso el pecado sexual, trae vergüenza y deshonra a sus padres.

3. *No cometerás adulterio* (versículo 14). Dios ordenó que las relaciones sexuales se confinaran al matrimonio. El adulterio (las relaciones sexuales fuera del matrimonio) es un pecado contra su cónyuge y contra Dios (Génesis 39:9).

4. *No hurtarás* (versículo 15). Los adúlteros les roban a sus cónyuges la intimidad de su relación y también les roban placer sexual a sus compañeros ilegítimos.

5. *No hablarás contra tu prójimo falso testimonio* (versículo 16). El matrimonio es un pacto hecho delante de Dios y testigos humanos. El pecado sexual rompe el voto matrimonial. En efecto, el cónyuge infiel miente acerca de ser fiel a su cónyuge. Los adúlteros con frecuencia continúan mintiendo para ocultar su pecado.

6. *No codiciarás* (versículo 17). Codiciar es desear algo que no le pertenece. Todo pecado sexual comienza con el deseo de algo que no es suyo legítimamente.

Aunque la mayoría de los mandamientos de Dios están escritos en forma negativa, no son restrictivos sino protectivos. La intención de Dios es prevenir que una humanidad caída siga sembrando más semillas de destrucción por medio de la inmoralidad sexual y con ello ampliando la esfera del reino de las tinieblas.

La ley de Dios también especificó la heterosexualidad y condenó la homosexualidad. Su pueblo debía mantener una distinción clara entre el hombre y la mujer incluso en la apariencia: «No vestirá la mujer traje de hombre, ni el hombre vestirá ropa de mujer; porque abominación es a Jehová tu Dios cualquiera que esto hace» (Deuteronomio 22:5).

Los matrimonios y las relaciones homosexuales también se prohibieron claramente: «No te echarás con varón como con mujer; es abominación» (Levítico 18:22); en 20:13: «Si alguno se ayuntare con varón como con mujer, abominación hicieron; ambos han de ser muertos; sobre ellos será su sangre» (en vez de apedrear a tal persona, en el caso de Gene Robinson en 2003, ¡una iglesia apóstata lo ascendió a obispo! Una iglesia llena de gracia ama al hombre pero odia el pecado, y procura restaurar su naturaleza caída).

Dios mandó a Adán y Eva y a sus descendientes a multiplicarse y llenar la tierra. La única forma en que ellos podían obedecer ese mandato era procrear por medio del contacto sexual entre hombres y mujeres. Los hombres no pueden tener hijos con otros hombres, y las mujeres no pueden tener hijos con otras mujeres. El corrupto estilo de vida de la homosexualidad está en conflicto directo con el plan de Dios de poblar la tierra, y Él lo detesta.

Dios también instruyó a su pueblo en cuanto a la pureza de sus matrimonios:

> Y no emparentarás con ellas; no darás tu hija a su hijo, ni tomarás a su hija para tu hijo. Porque desviará a tu hijo de en pos de mí, y servirán a dioses ajenos; y el furor de Jehová se encenderá sobre vosotros, y te destruirá pronto (Deuteronomio 7:3-4).

Irónicamente, el ejemplo más obvio de la desobediencia a este mandato se halla en el hombre de quien se dice que es el más sabio que ha vivido. El rey Salomón tuvo setecientas esposas y trescientas concubinas, incluso algunas de ellas de las naciones con las cuales Dios explícitamente prohibió el matrimonio (1 Reyes 11:1-2). «Sus mujeres inclinaron su corazón tras dioses ajenos, y su corazón no era perfecto con Jehová su Dios» (11:4). No podemos tener matrimonios que honren a Dios si buscamos cónyuges que no son hijos de Dios.

Cuando estudié en Israel, vi un monumento conmemorativo de lo que pasa en el Reino de Dios cuando el rey viola los mandamientos de Dios. Afuera de la ciudad amurallada de Jerusalén hay un sitio llamado «el monte de la vergüenza». Fue sobre este monte que el rey Salomón permitió que sus esposas extranjeras construyeran templos para otros dioses. Israel se dividió en dos naciones después de la muerte de Salomón y nunca volvió a tener la prominencia de la que una vez disfrutó. Ese monte todavía está vacío, como un recordatorio silente del fruto de la desobediencia.

El Antiguo Testamento también nos asegura que Dios diseñó las relaciones sexuales dentro de los confines del matrimonio tanto para el placer como para la procreación. El Cantar de los Cantares describe los goces del amor físico en el cortejo y el matrimonio. Además, la ley indicaba que el primer año de matrimonio fuera reservado para el disfrute y los ajustes conyugales: «Cuando alguno fuere recién casado, no saldrá a la guerra, ni en ninguna cosa se le ocupará; libre estará en su casa por un año, para alegrar a la mujer que tomó» (Deuteronomio 24:5).

El asalto de Satanás

El asalto de Satanás sobre el modelo de Dios de la heterosexualidad es evidente en el relato de Sodoma y Gomorra. Cuando unos ángeles en forma humana visitaron a Lot en Sodoma, todos los hombres de la ciudad, jóvenes y viejos, demandaron que los sacaran para tener una orgía homosexual. Dios cortó este linaje malvado destruyendo las dos ciudades con fuego (Génesis 19:1-29). Incluso hoy usamos el término *sodomía* para referirnos a los actos sexuales anormales, como las relaciones sexuales orales y anales entre hombres.

Israel siguió combatiendo la idolatría —y la inmoralidad sexual que siempre la acompaña— a través de la historia del Antiguo Testamento. Cuando Israel se dividió en dos reinos (Israel y Judá), ambas naciones se degeneraron espiritual y moralmente, a pesar de los mandamientos de la ley y las advertencias de los profetas. Ambas naciones recibieron castigo por sus pecados. Dios levantó a Asiria para destruir a Israel, y Babilonia conquistó a Judá y se la llevó en cautiverio.

El Antiguo Testamento termina en una nota triste. Solo un remanente del pueblo de Dios regresó del cautiverio a la tierra que Dios les había dado. Durante cuatrocientos años las naciones vecinas más fuertes los mangonearon como títeres. En la víspera del nacimiento de Cristo, los judíos se encontraban en una situación de servidumbre política a Roma y en servidumbre espiritual a sus líderes apóstatas. La gloria de Dios se había apartado de Israel. Seguramente muchos creían que Satanás había frustrado por completo los planes de Dios.

Pero el Señor aún tenía un plan. Aunque la estructura moral y espiritual de Israel estaba hecha pedazos, Él milagrosamente preservó la simiente de Abraham: el Redentor que se sentaría sobre el trono de David. La simiente de Abraham, Jesucristo, iba a hacer su entrada (Juan 1:14). Las bendiciones de Abraham pronto se extenderían en Cristo a todas las naciones del mundo.

El plan de Dios bajo el Nuevo Pacto

El plan de Dios para los matrimonios cristianos después de la cruz, en un mundo aún saturado por las tinieblas del pecado, se describe en 1 Tesalonicenses 4:3-5:

> Pues la voluntad de Dios es vuestra santificación; que os apartéis de fornicación; que cada uno de vosotros sepa tener su propia esposa en santidad y honor; no en pasión de concupiscencia, como los gentiles que no conocen a Dios.

El plan de Dios es el mismo en el Nuevo Testamento que en el Antiguo: matrimonios monógamos y heterosexuales ante Él que son libres de inmoralidad sexual.

Mi primer esfuerzo por discipular a un joven universitario fracasó miserablemente. No importaba cuánto yo trataba de ayudarlo, parecía no poder poner su vida espiritual en orden. Me encontraba desconcertado. Durante ese tiempo, él estaba saliendo con una de las mejores jóvenes cristianas en el grupo universitario. Al fin terminamos nuestro fútil intento.

Después de dos años me confesó que cuando estaba tratando de discipularlo, había estado acostándose con varias alumnas, aunque no con la mujer con la que había estado saliendo. Confesó que me había descartado cuando me escuchó hablar de la pureza sexual. Él quería madurar como cristiano, pero no tenía ninguna intención de abandonar su libertad sexual. Con razón mi intento por discipularlo no había dado resultado.

Cualquier actividad sexual fuera del plan de Dios está prohibida, porque es contraproducente al proceso de santificación. En otras palabras, no espere cosechar el fruto del Espíritu y realizarse como cristiano si está sembrando semillas en el reino de Satanás por medio de la inmoralidad sexual. Saber que la voluntad de Dios para nuestra vida es nuestra santificación (1 Tesalonicenses 4) es fundamental para seguir las seis instrucciones específicas en cuanto a las relaciones sexuales.

1. Debemos abstenernos de las relaciones sexuales prematrimoniales

Ha llegado a ser muy común en nuestra cultura que las parejas se acuesten e incluso vivan juntas antes de casarse o incluso en lugar de casarse. Hasta justifican sus acciones diciendo: «El amor es lo importante. ¿Quién necesita un certificado de matrimonio?», o «¿Cómo podemos saber si somos compatibles sexualmente si no nos vamos a la cama?» El mundo le da mucho valor a la atracción física y a la compatibilidad sexual a la hora de encontrar una pareja. Los cristianos están lejos de ser inmunes a esta influencia. Durante mis primeros años de ministerio, dieciocho de las primeras veinte parejas cristianas que aconsejé antes de casarse confesaron haber tenido relaciones sexuales, y eso fue hace años, entre 1972 y 1974.

La fornicación no es la manera de Dios para encontrar un compañero de por vida. Las apariencias externas y la atracción sexual pueden atraer a una persona a un compañero potencial, pero ambas cosas no tienen poder para mantener unida a una pareja. La atracción física es como el perfume o la colonia. Uno siente la fragancia, pero dentro de unos minutos su olfato está saturado y casi ni siente el olor. De una manera similar, si usted no va más allá de la atracción física para conocer y amar a la verdadera persona, la relación no durará. Las relaciones sexuales llegan a ser un acto animal egoísta en vez de una manera íntima de expresarse mutuamente el amor un hijo y una hija de Dios.

El cortejo cristiano no es como salir de compras por un par de zapatos cómodos y atractivos. Los zapatos se arañan, desgastan y pasan de moda, y uno los tiene que cambiar cada uno o dos años. El noviazgo cristiano es el proceso de encontrar la voluntad de Dios en cuanto a un compañero matrimonial. La consagración cristiana y el carácter piadoso valen mucho más que la atracción física y el atractivo sexual cuando del matrimonio se trata.

2. Debemos abstenernos de las relaciones sexuales extramatrimoniales

En cierta ocasión, Doug y Katy vinieron a verme porque tenían problemas matrimoniales. En un momento de ira, Doug le dijo a su esposa que ella no lo satisfacía como otra novia que había tenido. Entre lágrimas, Katy me dijo cuánto había tratado de ser como esa otra muchacha, lo cual era imposible. Finalmente, la pareja se fue de mi oficina sin solucionar su problema.

Un tiempo después, Doug llegó a su casa y encontró a Katy sentada en el sofá con una almohada sobre su regazo. Ella le preguntó si la amaba. Él le contestó que sí. Entonces Katy respondió: «¡Pues te voy a hacer pagar por lo que me hiciste por el resto de tu vida!» Sacó una pistola que tenía debajo de la almohada y se mató.

Es normal sentir una atracción por su cónyuge debido a su apariencia física, personalidad y otras cualidades. El matrimonio cristiano, sin embargo, es un compromiso de ser fieles hasta que la muerte los separe. Una vez que usted se casa, todas las comparaciones tienen que terminar. Es probable que le presenten a alguien que luce mejor que su cónyuge, que parece ser más sensible o afectuosa, o que quizá sea más espiritual, pero no importa. Su compromiso es con su cónyuge y con nadie más. El concurso para encontrar el mejor cónyuge posible ya terminó, ¡y usted y su cónyuge ganaron!

Como cristianos, nuestro primer compromiso es con Cristo, que es la relación más importante que tenemos. Su matrimonio es un cuadro de esa unión, y no se puede permitir que ninguna otra relación desfigure esa imagen. El secreto de la felicidad matrimonial se encuentra en amar y servir a su cónyuge, no en buscar a alguien que usted crea que le pueda proveer mayor felicidad o placer sexual.

Muchas personas que terminan en relaciones extramatrimoniales dicen que están sexualmente aburridas de sus cónyuges. No están aburridas de sus compañeros, en realidad. Están aburridas de las relaciones sexuales porque las han despersonalizado. Cuando el enfoque está en las relaciones sexuales egoístas y se ve al cónyuge como un objeto sexual, el aburrimiento es probable. Cuando el enfoque está en alimentar la relación total y realizar los sueños y las expectativas de su cónyuge, la vida matrimonial —y esto incluye las relaciones sexuales— sigue siendo una experiencia gratificante.

3. No debemos violar la conciencia de nuestro cónyuge

Hace varios años conduje una conferencia de un solo día intitulada «Solo para mujeres». Invité a las participantes a hacer preguntas sobre cualquier tema. Las preguntas penosas se escribieron y se echaron en una cesta. La mayoría de las consultas escritas se referían al sexo, y muchas se centraban en la siguiente duda: «¿Estoy obligada a someterme a cualquier cosa que mi esposo quiera hacer sexualmente?»

Si la pregunta es: «¿Debo someterme a cualquier cosa que mi esposo *necesite* sexualmente?» la respuesta es sí. Según 1 Corintios 7:3-5, los esposos y las esposas no deben negarse los cuerpos:

> El marido cumpla con la mujer el deber conyugal, y asimismo la mujer con el marido. La mujer no tiene potestad sobre su propio cuerpo, sino el marido; ni tampoco tiene el marido potestad sobre su propio cuerpo, sino la mujer. No os neguéis el uno al otro, a no ser por algún tiempo de mutuo consentimiento, para ocuparos sosegadamente en la oración; y volved

a juntaros en uno, para que no os tiente Satanás a causa de vuestra incontinencia.

No debe negarle las relaciones sexuales a su cónyuge ni utilizarlo como un arma contra él o ella. Hacerlo le da a Satanás una oportunidad para tentarlos a ambos en áreas en las que les falte dominio.

Pero, ¿debe una esposa someterse a cualquier cosa que su esposo *quiere* que ella haga sexualmente? No. Ninguno de los dos tiene el derecho de violar la conciencia del otro. Si un acto sexual es moralmente malo para el otro, es así para ambos. Un hombre protestó: «Pero las Escrituras dicen que en el matrimonio el lecho es sin mancilla». Yo le dije que leyera el versículo entero: «Honroso sea en todos el matrimonio, y el lecho sin mancilla; *pero a los fornicarios y a los adúlteros los juzgará Dios*» (Hebreos 13:4).

Demandar que su cónyuge viole su conciencia para satisfacer su lujuria viola el voto matrimonial de amarse mutuamente y destruye la intimidad de una relación fundada en la confianza. Uno puede y debe satisfacer las necesidades legítimas de su compañero matrimonial. De ninguna manera, sin embargo, debe usted pedir que su cónyuge trate de satisfacer su lujuria. En primer lugar, su cónyuge no puede. Solo Cristo puede resolver su problema con la lujuria. Mientras más alimente los deseos lujuriosos, más crecerán. Segundo, es degradante y ofensivo demandar que su cónyuge realice actos sexuales en contra de su conciencia. Solo Cristo puede romper ese ciclo de esclavitud y darle la libertad para amar a su cónyuge así como Cristo amó a la iglesia.

4. Debemos abstenernos de la fantasía sexual

La tentación de salir de la autopista y alquilar un vídeo sexualmente explícito era abrumadora. Scott estaba casado, con dos hijos que aún vivían en casa, pero todavía luchaba con las fantasías sexuales. Al acercarse a la salida, un conflicto se libraba en su interior. Sabía que sus acciones no le agradarían a Dios. Sabía que se sentiría avergonzado cuando terminara todo. Sabía que se sentiría humillado si su esposa o hijos llegaran a la casa inesperadamente y lo encontraran con esa cinta. Pero se dirigió impelido hacia la tienda de vídeos de la misma forma que lo hace un adicto a la heroína.

Scott había encontrado muchas maneras de satisfacer su urgencia secreta de excitación sexual y desahogo: las revistas y las novelas pornográficas, los libros de texto sobre el tema de la sexualidad, las fantasías sexuales mientras se bañaba, las películas candentes con desnudez y sexo (evitaba las películas clasificadas con la letra X, más obvias, porque pensaba que las catalogadas con la R eran más fáciles de justificar si lo sorprendían).

Pasó por alto la «vía de escape» que ofrece Dios y se bajó por la salida conocida de la autopista. Hizo su selección en la tienda de vídeos y se dirigió a su casa para pasar una tarde de fantasías sexuales. Después de ver la película, sexualmente explícita, una sensación de vergüenza y culpabilidad lo inundó. *¿Cómo caí de nuevo en esto?* —pensó con agonía—. *Señor, ¿qué hago?* No le había hablado a nadie acerca de sus repetidas luchas y fracasos, ni a su esposa ni a su pastor, ni siquiera a los dos consejeros cristianos que había visto en el pasado por problemas relacionados con temas afines. Se sentía débil, indefenso y solo. Incluso Dios parecía estar lejos y no disponible. Así que Scott desechó sus sentimientos y continuó con su teatro de ser un cristiano ejemplar.

La fantasía sexual infecta a muchos cristianos de ambos sexos. Es posible que no estén involucrados físicamente en relaciones sexuales prematrimoniales o extramaritales, pero tienen amoríos en la mente, una variedad sinfín de aventuras sexuales con personas que conocen, personajes de libros, revistas o vídeos y personajes que ellos mismos crean en sus sueños. La mayoría de los adictos a la fantasía sexual encuentra su desahogo en la masturbación, lo cual con frecuencia los lleva a tener amoríos extramaritales.

Puede ser que se piense que la fantasía sexual no es más que darse a uno mismo un placer inocuo, pero los cristianos deben buscar la pureza mental por al menos tres distintas razones:

Primero, según las palabras de Jesús en Mateo 5:27-29, *las semillas del adulterio se siembran en el corazón.*

Oísteis que fue dicho: No cometerás adulterio.
Pero yo os digo que cualquiera que mira a una mujer
para codiciarla, ya adulteró con ella en su corazón.
Por tanto, si tu ojo derecho te es ocasión de caer, sá-
calo, y échalo de ti; pues mejor te es que se pierda
uno de tus miembros, y no que todo tu cuerpo sea
echado al infierno.

Jesús dice que debemos cortarnos la mano derecha también *si*
es necesario, pero no es necesario y el problema no está ahí. Si esa
fuera la respuesta, todos tendríamos que cortarnos algo y sería-
mos torsos sangrientos rodando por los pasillos de nuestras iglesias… y aun así no habríamos resuelto el problema.

El pasaje enseña que mirar es la evidencia de que el adulterio ya
está en el corazón. En el mismo capítulo, en los versículos 21 y
22, Jesús enseña que cualquiera que esté enojado con su hermano
es culpable de juicio, ¡y que llamar al hermano con un nombre
ofensivo es lo mismo que matarlo! ¡Eso significa que todos somos culpables de asesinato y adulterio! ¡Y lo somos! En el Ser-
món del Monte, Jesús nos enseña lo que es la justicia genuina. No
es solo una conformidad externa a la ley, lo cual no podemos lograr de todos modos. Él está enseñando que las semillas del asesinato y el adulterio están sembradas en nuestros corazones y en
nuestras mentes. No es lo que entra en una persona lo que la
contamina, sino lo que sale de ella debido a las semillas que se
sembraron.

Para resolver el problema, algo se tiene que hacer en cuanto a
nuestro corazón, y Dios *ha* hecho algo. Ezequiel profetizó que
Dios nos daría un corazón nuevo y un espíritu nuevo (11:19-20;
18:31; 36:26). El corazón es el centro de nuestro ser. Solo en el
corazón se unen la mente, las emociones y la voluntad. Podemos
reconocer la verdad intelectualmente, pero si no toca nuestro corazón, no cambia nuestro carácter. Cuando la verdad llega a pene-
trar nuestro corazón, nuestras emociones y nuestra voluntad se
afectan. «Sobre toda cosa guardada, guarda tu corazón; porque de
él mana la vida» (Proverbios 4:23). Para lograr la victoria sobre el

pecado, tenemos que ganar la batalla de la mente y mantener puro el corazón.

Segundo, según Santiago 1:14-15, *la inmoralidad sexual en la mente precipita el acto sexualmente inmoral:* «Cada uno es tentado, cuando de su propia concupiscencia es atraído y seducido. Entonces la concupiscencia, después que ha concebido, da a luz el pecado; y el pecado, siendo consumado, da a luz la muerte». Puede ser que pensemos que nuestras fantasías sexuales nunca se realizarán, pero con el tiempo «de la abundancia del corazón habla la boca» (Mateo 12:34). Lo que se siembra y alimenta como una semilla en el corazón a la larga florecerá como una acción.

Tercero, *la fantasía sexual despersonaliza las relaciones sexuales y rebaja a las personas.* La fantasía sexual no es una relación marital compartida sino una incubadora para la lujuria y la autocomplacencia que está aumentando sin freno. Cuando las relaciones sexuales se vuelven aburridas (lo cual va a ocurrir cuando se tiene la mentalidad de recibir sin dar), es probable que alguien busque un compañero más excitante.

¡Un hombre me aseguró que sus fantasías sexuales no eran pecaminosas porque visualizaba a las mujeres sin cabezas! Le dije: «Ese precisamente es el problema. Has despersonalizado las relaciones sexuales». Eso es lo que hace la pornografía. Los objetos sexuales nunca se valorizan correctamente como personas creadas a la imagen de Dios, y mucho menos como hijos o hijas de alguien. Tratar a alguien como un objeto para la complacencia personal va en contra de todo lo que la Biblia enseña en cuanto a la dignidad y al valor de la vida humana.

5. Debemos abstenernos de la masturbación desenfrenada

Algunas personas ven la masturbación como una inocua y agradable manera de aliviar la presión sexual. Los que la practican, condonan o recomiendan dicen que es una manera privada de satisfacer las necesidades sexuales sin temor a la enfermedad ni al embarazo.

La Biblia permanece prácticamente en silencio en cuanto al tema de la masturbación, y los cristianos están sumamente divididos en sus opiniones al respecto. Algunos creen que es una manera que Dios ha dado de descargar la energía sexual reprimida cuando no estamos casados o cuando nuestro cónyuge no está disponible. En ese sentido, creen que la masturbación puede ser una forma del autocontrol sexual. Al otro extremo están los cristianos que lo condenan como pecado.

Los que están a favor nos recuerdan que la Biblia en ningún lugar la condena, que no presenta un riesgo para la salud y que puede ayudar a prevenir actos de inmoralidad sexual. Los que se oponen dicen que es sexo sin un cónyuge y por ello es malo, que es egocéntrica, que va acompañada de fantasías sexuales y que puede convertirse en un hábito incontrolable.

Ciertamente, no quiero añadir ningunas restricciones que Dios no enseña, ni quiero añadir a la sensación de culpabilidad legalista que ya se ha amontonado sobre la gente. Pero ¿por qué es que tantos cristianos se sienten culpables después de masturbarse? ¿Será porque la iglesia o sus padres han dicho que está mal, y por lo tanto la culpabilidad es solo psicológica? Si es así, la sensación de culpabilidad brota de una conciencia que se ha desarrollado incorrectamente. La sensación de culpabilidad también puede proceder del acusador de los hermanos (Apocalipsis 12:10).

Para ver si la masturbación está contribuyendo a su esclavitud sexual, hágase las siguientes preguntas:

1. ¿Está cometiendo el adulterio mental que Jesús condena?

2. ¿Está metiendo imágenes pornográficas en su mente?

3. ¿ Ha reemplazado la masturbación la intimidad sexual en su matrimonio?

4. ¿Puede dejar de masturbarse? (Si no puede, ha perdido cierto grado de dominio propio).

5. ¿Siente la convicción del Espíritu Santo cuando se masturba?

Quizá usted pueda masturbarse sin privar a su cónyuge ni contaminarse la mente. Es de esperar que no esté encadenado a la acción y pueda detenerse cuando quiera. Si no puede, hay esperanzas alentadoras si está embrollado en una red de fantasía sexual y masturbación desenfrenada. Dios ha provisto una vía de escape para cada tentación. Al luchar para obtener su libertad en Cristo, recuerde que «ninguna condenación hay para los que están en Cristo Jesús» (Romanos 8:1). La culpabilidad y la vergüenza no producen buena salud mental, pero el amor, la aceptación y la afirmación sí. Dios lo ama, y no se dará por vencido. Puede ser que usted se desespere en tener que confesar una y otra vez, pero su amor y perdón son inagotables.

6. Debemos abstenernos del comportamiento homosexual

La perspectiva de Dios en cuanto a la homosexualidad no ha cambiado, aunque sea popular aceptar este «otro estilo de vida». El Nuevo Testamento ubica a la homosexualidad en la misma categoría que otros pecados sexuales que tenemos que evitar.

> ¿No sabéis que los injustos no heredarán el reino de Dios? No erréis; ni los fornicarios, ni los idólatras, ni los adúlteros, ni los afeminados, ni los que se echan con varones, ni los ladrones, ni los avaros, ni los borrachos, ni los maldicientes, ni los estafadores heredarán el reino de Dios (1 Corintios 6:9-10).

Algunos dirán: «Pero yo nací de esta manera. Siempre he tenido tendencias homosexuales. No lo puedo evitar. Así es que Dios me creó». Dios no creó a nadie para ser homosexual. Nos creó hombre y mujer. La homosexualidad es una mentira. No existe tal cosa como un homosexual. Hay *sentimientos, tendencias* y *conductas* homosexuales. Dios tampoco creó pedófilos, adúlteros ni alcohólicos. Si alguien puede racionalizar la conducta homosexual, ¿por qué no puede otro racionalizar el adulterio, la fornicación, la pedofilia y así por el estilo?

Debido a la caída, todos estamos genéticamente predispuestos a ciertas fortalezas y debilidades. Algunas personas pueden llegar a convertirse en adictos al alcohol más rápido que otras, pero eso no los hace alcohólicos. Más bien *eligen* beber, con el fin de hacer fiesta sin inhibiciones, o hacerle frente a la vida o aliviar el dolor. Puede ser que algunos muchachos tengan niveles inferiores de testosterona y se desarrollen con más lentitud que otros, o que padres dominantes y abusivos los críen, o que sufran abuso sexual, pero eso no los hace homosexuales. Hacer las paces con el pasado y las mentiras que hemos creído es crucial para nuestra recuperación en Cristo.

Por alguna enferma razón, nuestra cultura está empecinada en descubrir la máxima experiencia sexual sin tener en cuenta si es correcta o no. Cuando creemos que la hemos encontrado, solo nos satisface por una temporada, así que la búsqueda tiene que continuar. Más bien debemos estar empecinados en descubrir la suprema relación personal: «Bienaventurados los que tienen hambre y sed de justicia, porque ellos serán saciados» (Mateo 5:6). ¿Está dispuesto a buscar la mayor de todas las relaciones, la que todo hijo de Dios puede tener con su Padre celestial? Si es así, quedará satisfecho.

CAPÍTULO TRES

La siega

—————⟫⟨⟪—————

La continencia es la única garantía de un espíritu impolu-
to y la mejor protección contra la promiscuidad, que aba-
rata y al final mata la habilidad de amar.

GENE TUNNEY

CONSECUENCIAS. Lo que sube baja. Cada acción tiene una
reacción equivalente pero opuesta. Si usted se arroja de un edifi-
cio elevado sin el beneficio de un paracaídas, un planeador o cable
tensor, caerá hacia la acera como una piedra. Si siembra semillas
de melón y alimenta la planta cosechará melones. Cada cosa que
hacemos y decisión que tomamos tiene consecuencias. La causa y
el efecto son parte del universo, y recogeremos lo que sembramos.

Si sembramos semillas de pureza sexual, recogeremos los
beneficios del matrimonio. Si sembramos semillas de impureza
sexual, recolectaremos una oscura cosecha de consecuencias personales y espirituales negativas. «Porque el que siembra para su
carne, de la carne segará corrupción; mas el que siembra para el
Espíritu, del Espíritu segará vida eterna» (Gálatas 6:8).

¿Cuáles son las consecuencias de sembrar para la carne en
cuanto a la conducta sexual? ¿De qué clase de corrupción está
hablando Pablo? En principio están las obvias consecuencias
exteriores o físicas o relacionales, las cuales trataremos en este

capítulo. Y después están los efectos interiores o espirituales, los que exploraremos en el siguiente capítulo.

La cosecha experimentada en el cuerpo y el matrimonio

La consecuencia más obvia de pasar por alto el propósito de Dios en cuanto a las relaciones sexuales y el matrimonio son las consecuencias físicas y relacionales. El dolor físico, la amenaza de la enfermedad y la muerte y la desintegración de una relación se ven y se sienten de inmediato. Considere la epidemia del sida. Si sigue su curso, setenta millones de personas morirán de esta enfermedad en la próxima generación. Es la enfermedad más incurable de la humanidad, pero a su vez es la más fácil de prevenir. Lo único que se tiene que hacer es abstenerse.

Las relaciones sexuales libres no son gratis, y los que andan tras ellas no están viviendo en libertad. La promiscuidad sexual conduce a formas detestables de esclavitud, y el precio potencial solo en términos de salud es asombroso.

Un informe del año 2000 de los Centros para el Control de Enfermedades nos dice:

> En los Estados Unidos, más de sesenta y cinco millones de personas actualmente viven con una enfermedad transmitida sexualmente (ETS). Quince millones de personas se infectan cada año con una o más ETS, y casi la mitad contraen una infección de por vida (Cates, 1999).

Si la predicción de nuevas infecciones es correcta, más de sesenta millones de personas contrajeron una ETS en el período que va de 1999 a 2004. Además, las ETS «añaden miles de millones de dólares al costo del cuidado médico de la nación cada año» y «es difícil seguirles las huellas. Muchas personas con estas infecciones no tienen síntomas y permanecen sin diagnosticar... Estas epidemias "ocultas" aumentan con cada nueva infección que sigue siendo desconocida y sin ser procesada».[2]

Los expertos médicos insisten que las ETS son, por mucho, las enfermedades transmisibles que más prevalecen.

El aspecto más espantoso de las ETS es que se pueden transmitir sin que el portador muestre síntoma alguno. Esto es especialmente cierto en cuanto a los que tienen VIH (virus de inmunodeficiencia humana, el virus del sida). Las víctimas pueden pasar años sin mostrar indicaciones de la enfermedad, y sin saberlo pueden transmitirlo a sus parejas sexuales, quienes a su vez lo transmiten a otras víctimas desprevenidas. Sin exámenes médicos, las personas no pueden estar seguras de que sus parejas sexuales están libres de toda ETS. Por cierto, puede ser que las parejas no sepan que están infectadas. La rápida diseminación de las ETS en nuestras culturas ilustra la escalofriante verdad de que un encuentro sexual involucra a más de dos personas. Si usted tiene relaciones sexuales con una persona promiscua, en lo que se refiere a ETS, también está teniendo relaciones sexuales con cada una de las parejas sexuales anteriores de esa persona, y es vulnerable a las enfermedades que cada una de ellas tenía en ese momento.

Aquellos que han violado el propósito de Dios en cuanto a las relaciones sexuales también pagan un precio en sus relaciones matrimoniales. Los que tienen relaciones sexuales impías parecen no disfrutar las relaciones sexuales santas. He aconsejado a muchas mujeres que no soportan que sus esposos las toquen debido a una experiencia sexual del pasado. Increíblemente, sus emociones cambian casi de inmediato después de descubrir en Cristo su libertad de la esclavitud sexual. Un pastor había sentido el rechazo sexual de su esposa por el lapso de diez años debido a una atadura que le había bloqueado la intimidad sexual. Para sorpresa de ambos, la pareja pudo unirse sexualmente después que ella encontró su libertad en Cristo.

La promiscuidad antes del casamiento conduce a la falta de satisfacción sexual en el matrimonio. La euforia que producen las relaciones sexuales fuera de la voluntad de Dios se disipa con rapidez y deja al participante en esclavitud al pecado. Si los pecados sexuales del pasado fueron consensuales, la esclavitud va creciendo a medida que el individuo trata de satisfacer su lujuria, la cual no puede satisfacerse. Mientras más se trata de satisfacer los hábitos lujuriosos, más aumentan. Si los pecados no fueron consensuales, o sea que la persona participó pero no quiso o fue por obligación, entonces él o ella no pueden disfrutar de relaciones matrimoniales sanas hasta que el pasado se resuelva. Tales personas carecen de la libertad de disfrutar expresiones mutuas de amor y confianza.

Si las personas fueron víctimas de abuso sexual severo, como la violación o el incesto, sus cuerpos se han usado en contra de su voluntad como instrumentos de iniquidad. Trágicamente, estas víctimas se han hecho una sola carne con sus abusadores y les cuesta mucho trabajo relacionarse con sus esposos de una manera saludable. No es justo que estas personas hayan sufrido tal ultraje. Es algo enfermo, y la enfermedad contamina lo que debería ser una relación matrimonial bella y satisfactoria. Las buenas noticias son que las personas pueden escapar de la esclavitud producida por tales violaciones. Pueden renunciar al uso malo de su cuerpo, someterse a Dios, resistir al diablo y perdonar a los abusadores.

La profanación de una familia

Una de las consecuencias más desgarradoras del pecado sexual es el efecto que tiene en los hijos de los ofensores. El amorío entre el rey David de Israel y Betsabé, la esposa de Urías el heteo, ilustra el descenso de manera vertiginosa de la profanación personal y su efecto en la familia. Aunque de David se dice que era un hombre conforme al corazón de Dios (Hechos 13:22), tiene una marca negra en su vida. Primero de Reyes 15:5 da un resumen de su vida: «David había hecho lo recto ante los ojos de Jehová, y de ninguna cosa que le mandase se había apartado en todos los días de su vida, salvo en lo tocante a Urías heteo». Por ese fracaso moral, la familia de David pagó un precio muy alto. Consideremos sus pasos hacia la profanación y sus consecuencias trágicas.

«Y sucedió un día, al caer la tarde, que se levantó David de su lecho y se paseaba sobre el terrado de la casa real; y vio desde el terrado a una mujer que se estaba bañando, la cual era muy hermosa. Envió David a preguntar por aquella mujer» (2 Samuel 11:2-3). No había nada de malo en que la mujer, Betsabé, fuera muy hermosa, y no había nada de malo en que David se sintiera atraído hacia ella. Así es como Dios nos hizo. Es posible que Betsabé haya actuado mal al bañarse donde otros podían verla, y sin duda David actuó mal al quedarse mirándola. Para tales ocasiones, Dios provee una vía de escape. David pudo haber dado la vuelta y haberse alejado de la visión tentadora, pero no lo hizo.

Cuando David envió mensajeros a tomar a Betsabé, estaba bien avanzado en el camino al deshonor, haciendo que la posibilidad de parar fuera más difícil con cada paso. Se acostaron y ella quedó embarazada. David trató de encubrir su pecado llamando a Urías, el esposo de Betsabé, que estaba en el campo de batalla, con la esperanza de que este se acostara con ella. Así el embarazo se hubiera podido atribuir a él, pero el noble Urías no cooperó. No quería tener un privilegio que sus hombres no tenían. Así que David lo devolvió al campo de batalla y dio instrucciones para que lo mataran. ¡Ahora David el adúltero también era David el asesino! El pecado siempre se complica. Si piensa que es difícil vivir de una manera justa, trate de vivir de una manera injusta. El disimulo, la denegación y la culpabilidad producen una vida muy compleja.

Después de un período de luto por su esposo muerto, Betsabé se convirtió en esposa de David. David sufrió consecuencia físicas debido a su culpabilidad y vergüenza. En el Salmo 32:3-4 él describe su tormento: «Mientras callé, se envejecieron mis huesos en mi gemir todo el día. Porque de día y de noche se agravó sobre mí tu mano; se volvió mi verdor en sequedades de verano».

El Señor concedió bastante tiempo para que David reconociera su pecado. El rey no confesó, por lo tanto Dios envió al profeta Natán a confrontarlo. Dios no permitirá que sus hijos vivan en tinieblas durante mucho tiempo, porque sabe que estas los comerán vivos. Un pastor adicto a la pornografía viajó a una conferencia de pastores. Sus colegas le pidieron copias de sus materiales ministeriales, y cuando el pastor abrió su maletín con muchas personas a su alrededor, de repente se dio cuenta de que había llevado el maletín equivocado. ¡Su pila de revistas sucias estaba ahí a la vista de todos! «¡Qué vergüenza!» o «¡Qué tragedia!», diríamos. Al contrario, la exposición hizo que buscara la ayuda que necesitaba. «Nada hay encubierto, que no haya de ser manifestado; ni oculto, que no haya de saberse» (Mateo 10:26). Tristemente, la vida pública de muchos cristianos es radicalmente diferente a la vida privada que llevan. Siempre que crean que la fachada puede continuar, es muy probable que no lidien con sus propios asuntos. Irónicamente, estas personas con frecuencia son las que más critican a los demás. Las personas que no luchan con su propia culpabilidad y vergüenza muchas veces procuran «ajustar la balanza interior» proyectando culpabilidad y desgracia sobre otros. El Señor dice en Mateo 7:1-5:

> No juzguéis, para que no seáis juzgados. Porque con el juicio con que juzgáis, seréis juzgados, y con la medida con que medís, os será medido.
>
> ¿Y por qué miras la paja que está en el ojo de tu hermano, y no echas de ver la viga que está en tu propio ojo? ¿O cómo dirás a tu hermano: Déjame sacar la paja de tu ojo, y he aquí la viga en el ojo tuyo? ¡Hipócrita! saca primero la viga de tu propio ojo, y entonces verás bien para sacar la paja del ojo de tu hermano.

Perdón y consecuencias

David por fin reconoció sus pecados, los cuales eran delitos capitales bajo la ley. Luego Natán declaró: « Jehová ha remitido tu pecado; no morirás. Mas por cuanto con este asunto hiciste blasfemar a los enemigos de Jehová, el hijo que te ha nacido ciertamente morirá» (2 Samuel 12:13-14).

Los enemigos del Señor son Satanás y sus ángeles. No creo que el cristiano pecador común y corriente tenga idea de la afrenta moral que sus pecados sexuales causan en el mundo espiritual. Satanás, el acusador de los hermanos, se los echa a Dios en la cara día y noche (Apocalipsis 12:10). ¡Nuestros pecados privados, secretos, los cometemos abiertamente delante del dios de este mundo y sus hordas angelicales caídas! Pero mucho peor, nuestros pecados sexuales son una ofensa a Dios, quien se duele de nuestros fracasos y tiene que aguantar el absoluto desdén de Satanás. Además, el mundo conoce nuestra hipocresía y nuestro testimonio se vuelve ineficaz.

El Señor escatimó a David, pero el hijo que tuvo con Betsabé murió. ¿Por qué tuvo que morir? Es posible que Dios tuviera que cortar la semilla de rebelión que David había sembrado para que la prole de esta relación adúltera no recibiera la primogenitura. Estamos hablando acerca del trono de David, sobre el cual el Mesías reinaría. Dios se llevó al bebé a estar con Él, y David tuvo la seguridad de que él estaría con el niño en la eternidad (2 Samuel 12:23).

Hubo otros castigos impuestos sobre la casa de David como resultado de su pecado. El profeta Natán declaró:

> Así ha dicho Jehová: He aquí yo haré levantar el mal sobre ti de tu misma casa, y tomaré tus mujeres delante de tus ojos, y las daré a tu prójimo, el cual yacerá con tus mujeres a la vista del sol. Porque tú lo hiciste en secreto; mas yo haré esto delante de todo Israel y a pleno sol (2 Samuel 12:11-12).

La palabra de Jehová se cumplió cuando Absalón, uno de los hijos de David, «se llegó … a las concubinas de su padre ante los ojos de todo Israel» (2 Samuel 16:22).

Amnón, otro hijo de David, siguió el ejemplo de su padre llegando a un nivel aun más vil de inmoralidad sexual (2 Samuel 13). Su lujuria por su medio hermana Tamar, una joven virgen hermana de Absalón, lo incitó a aprovecharse de su compasión por una enfermedad fingida. Cuando Tamar fue a su cuarto para cuidarlo, Amnón trató de seducirla. Pero cuando ella rehusó aceptar sus avances sexuales, la violó. Aparentemente Amnón pudo haber ido por canales legítimos para tomar a Tamar por esposa. Pero su lujuria demandaba satisfacción *inmediata*.

Grandes calamidades llegaron sobre David como resultado de su pecado. En total cuatro de sus hijos murieron prematuramente: el hijo de Betsabé murió al nacer, Amnón murió a manos de Absalón en represalia por la violación de Tamar, y Absalón y Adonías murieron tratando de quitarle el trono a su padre. Todo esto lo sufrió David porque no volvió la espalda a la visión tentadora de una mujer que se bañaba. Es crucial para nosotros y para nuestros seres queridos que llevemos cautivo todo pensamiento a la obediencia a Cristo (2 Corintios 10:5).

Naturaleza o crianza ... ¿o será algo espiritual?

En los diez mandamientos, Dios dijo:

> No te harás imagen, ni ninguna semejanza de lo que esté arriba en el cielo, ni abajo en la tierra, ni en las aguas debajo de la tierra. No te inclinarás a ellas, ni las honrarás; porque yo soy Jehová tu Dios, fuerte, celoso, que visito la maldad de los padres sobre los hijos hasta la tercera y cuarta generación de los que me aborrecen, y hago misericordia a millares, a los que me aman y guardan mis mandamientos (Éxodo 20:4-6; véanse también Deuteronomio 5:9-10; Éxodo 34:6-7; Deuteronomio 7:9-10; y Números 14:18).

Esto declara que Dios bendice hasta millares de generaciones de quienes son obedientes a su pacto, pero que las iniquidades de los que son desobedientes se pasan hasta la tercera y cuarta generaciones.

¿Cómo es esto? Cualquiera que trabaja con personas que han sido víctimas de abuso sabe que los abusadores también sufrieron abuso. El ciclo del abuso es un fenómeno social bien atestiguado. ¿Heredamos una inclinación específica hacia el pecado a través de nuestros padres? Y si es así, ¿es esta transmisión genética (por naturaleza), ambiental (por crianza) o espiritual? ¡Creo que la respuesta correcta es *sí* y las tres! Primero, hay una abundancia de evidencias que muestran que estamos genéticamente predispuestos a ciertos puntos fuertes y debilidades. Sin embargo, no podemos culpar a la genética por nuestras malas decisiones. Segundo, los factores ambientales definitivamente contribuyen al comportamiento pecaminoso que se pasa de una generación a otra. Por ejemplo, si usted creció en un hogar en el que la pornografía era fácilmente accesible y la promiscuidad sexual el modelo, sin duda estaría influenciado en esa dirección. A menos que los padres enfrenten sus pecados, sin quererlo preparan la siguiente generación para repetir sus fallos morales. «El discípulo no es superior a su maestro; mas todo el que fuere perfeccionado, será como su maestro» (Lucas 6:40). Tercero, también parece haber una inclinación espiritual hacia el pecado que se hereda. Por ejemplo, Abraham mintió acerca de su esposa, al decir que era su hermana. Luego su hijo Isaac hizo exactamente lo mismo. Entonces el hijo de Isaac mintió para robarle la primogenitura a su hermano, y también contó muchas otras mentiras. Esto es un fenómeno. Nadie está sugiriendo que Abraham le dijo a Isaac: «Mira, hijo, si algún día te metes en un lío, solo haz pasar a tu esposa por tu hermana. A mí no me dio buenos resultados, pero quizá a ti sí».

Cómo ocurre

En el Antiguo Testamento, los israelitas confesaban sus pecados e iniquidades y los de sus antepasados. Las maldades tienen que ver más con un espíritu rebelde o una voluntad fuerte. Pero de alguna manera estas iniquidades se pasan de una generación a la otra. El erudito del Antiguo Testamento, S. J. de Vries, lo explica:

> En su desarrollo inicial, Israel estuvo muy influenciado por un concepto dinámico del pecado colectivo. … El grupo familiar era una entidad mucho más significativa que el individuo. Cuando la cabeza de tal grupo transgredía, transmitía la culpabilidad a

cada miembro del grupo ... Por lo tanto, según el Decálogo [los Diez Mandamientos] ... la iniquidad del padre pasa a los hijos».[3]

Hablando acerca de la idolatría, Oseas habla de espíritus demoníacos que afectan a los niños y los relaciona con los pecados de los hijos:

> Mi pueblo a su ídolo de madera pregunta, y el leño le responde; porque espíritu de fornicaciones lo hizo errar, y dejaron a su Dios para fornicar. Sobre las cimas de los montes sacrificaron, e incensaron sobre los collados, debajo de las encinas, álamos y olmos que tuviesen buena sombra; por tanto, vuestras hijas fornicarán, y adulterarán vuestras nueras (Oseas 4:12-13).

La causa de los pecados sexuales de los hijos no es solo el pecado de idolatría de los padres, sino también un «espíritu de fornicaciones».

¿Cómo lidiaron los israelitas con el pecado de sus pecados ancestrales? Aquí tenemos unos ejemplos:

> Y ya se había apartado la descendencia de Israel de todos los extranjeros; y estando en pie, confesaron sus pecados, y las iniquidades de sus padres (Nehemías 9:2).

> Y confieso los pecados de los hijos de Israel que hemos cometido contra ti; sí, yo y la casa de mi padre hemos pecado (Nehemías 1:6).

> Reconocemos, oh Jehová, nuestra impiedad, la iniquidad de nuestros padres; porque contra ti hemos pecado (Jeremías 14:20).

> No obedecimos a la voz de Jehová nuestro Dios, para andar en sus leyes que él puso delante de nosotros por medio de sus siervos los profetas. Todo Israel traspasó tu ley apartándose para no obedecer tu voz; por lo cual ha caído sobre nosotros la

maldición y el juramento que está escrito en la ley de
Moisés, siervo de Dios; porque contra él pecamos
(Daniel 9:10-11).

Dios había hablado, y los profetas le habían advertido al pueblo
acerca de los pecados generacionales. Sin embargo, a principios del
siglo VI a.c., el profeta Ezequiel tuvo que corregir un abuso:

> Vino a mí palabra de Jehová, diciendo: ¿Qué pen-
> sáis vosotros, los que usáis este refrán sobre la tierra
> de Israel, que dice: Los padres comieron las uvas
> agrias, y los dientes de los hijos tienen la dentera?
> Vivo yo, dice Jehová el Señor, que nunca más ten-
> dréis por qué usar este refrán en Israel (Ezequiel
> 18:1-3).

Este proverbio israelita popular no era del libro de los Proverbios, ni era de la boca de Dios. El problema que Ezequiel estaba
tratando de corregir era una respuesta fatalista a la ley y la renuncia
a la responsabilidad personal. Los hijos no son culpables de los pecados de sus padres y no se les castigará por las iniquidades de sus
padres, que recaen sobre ellos, si son diligentes en volverse de los
pecados de sus padres. Ezequiel (vea también Jeremías 31:29-30)

> no pretendía denegar el pecado colectivo. Esto es in-
> dudable. [Su] propósito era acentuar la responsabili-
> dad del individuo, la cual estaba a riesgo de quedar
> sumergida en una conciencia de calamidad nacional
> aplastante. Aunque la nación estaba sufriendo un
> amargo castigo colectivo, había esperanza para el in-
> dividuo si este se arrepentía.[4]

Sembremos semillas de arrepentimiento

Hemos visto en el Antiguo Testamento la transmisión del
pecado de una generación a la siguiente, y cómo los profetas

llamaban al pueblo a confesar sus pecados y los pecados de sus padres. Uno no puede hacerle frente a una herencia impía de una forma pasiva. Debemos conscientemente ocupar nuestro lugar en Cristo y renunciar a los pecados de nuestros antepasados. No somos culpables de sus pecados, pero porque ellos pecaron sus pecados pueden pasar a nosotros. Por esto se nos dice en Levítico 26:40 que debemos confesar nuestros pecados y los pecados de nuestros antepasados «por su prevaricación con que prevaricaron contra mí; y también porque anduvieron conmigo en oposición». Lo opuesto es ocultar y defender los pecados de nuestros padres, abuelos y otros, y continuar en el ciclo de esclavitud.

La posibilidad de superar los pecados generacionales se ve en la vida de José, uno de los hijos de Jacob. José eligió no seguir los caminos de su padre, abuelo y bisabuelo, aunque tuvo muchas oportunidades de mentir y protegerse de sus hermanos celosos. Es más, mientras más decía, en más problemas se metía. Si estaba predispuesto a mentir, eligió no acceder. Con el tiempo se le vindicó completamente por su honestidad.

Con frecuencia ministro a personas que repiten los pecados de sus padres y abuelos. ¿Sienten obligación de hacer estas cosas? ¡No! Pero las repetirán si siguen guardando la iniquidad en su corazón, la cual nos visita hasta la tercera y cuarta generación.

Bajo el Viejo Pacto, como ya vimos, se llamaba a todo el pueblo escogido de Dios a arrepentirse de sus pecados y maldades sin importar si sus ofensas eran personales o nacionales. El arrepentimiento nacional o colectivo no puede ocurrir sin el arrepentimiento individual. Esto no es solo un concepto del Antiguo Testamento. Pablo escribió: «Por tanto, como el pecado entró en el mundo por un hombre, y por el pecado la muerte, así la muerte pasó a todos los hombres, por cuanto todos pecaron» (Romanos 5:12). Pedro escribió que fuimos rescatados de nuestra vana manera de vivir, la cual recibimos de nuestros padres (1 Pedro 1:18).

No importa lo que nuestros antepasados hayan hecho. Si nos arrepentimos y creemos en Cristo, Dios nos rescata del dominio de las tinieblas y nos traslada al Reino de su Hijo amado (Colosenses 1:13). Estamos bajo un nuevo pacto, el cual promete: «Nunca más me acordaré de sus pecados y transgresiones» (Hebreos 10:17).

El arrepentimiento rompe las cadenas

El arrepentimiento es la respuesta de Dios al pecado y a la iniquidad. La verdad nos hace libres, pero no experimentaremos esa libertad sin el arrepentimiento. Arrepentimiento literalmente es «un cambio de mente», pero no es genuino el arrepentimiento hasta que nos hayamos vuelto de nuestros pecados y maldades hacia Dios y su verdad. Los miembros de la iglesia primitiva comenzaban su confesión pública de fe literalmente mirando hacia el oeste y declarando: «Renuncio a ti, Satanás, y a todas tus obras y caminos», entonces miraban hacia el Este y proclamaban su fe en Dios. Con esto recuperaban cualquier terreno que ellos o sus antepasados le hubieran dado a Satanás. (Cómo experimentar nuestra libertad por medio del arrepentimiento se discutirá en otros capítulos.)

Es importante entender que Dios nos ha perdonado aun antes de arrepentirnos, pero no necesariamente nos quita las consecuencias naturales de nuestro pecado. Si lo hiciera, no tardaría mucho antes de que averiguáramos que podemos pecar todo lo que queramos y luego volvernos a Dios para que nos limpie sin repercusión alguna. Si usted ha contraído una ETS, la seguirá teniendo aun después de arrepentirse plenamente.

También es importante entender que cuando los padres se arrepienten no hay garantía de que los hijos también lo hagan. Aun si hubo alguna influencia genética, ambiental o espiritual que lo condujo a su pecado, sus hijos son responsables de sus propias decisiones. Es posible que elijan repetir tanto sus fracasos como sus triunfos. ¿Ha notado que la mala salud es contagiosa pero la buena no? Pablo escribió: «No se dejen engañar: "Las malas compañías corrompen las buenas costumbres"» (1 Corintios 15:33, NVI). Es posible que sus hijos hayan «contraído» sus malos hábitos, pero no necesariamente van a contraer su arrepentimiento. Sin embargo, es de esperar que su estilo de vida arrepentido, saludable y piadoso influya en ellos para que elijan renunciar al pecado y confiar en Cristo.

Un ejemplo a seguir

El pecado sexual de David y su encubrimiento homicida fueron trágicos, y las consecuencias del pecado en su vida y en la de sus hijos, dolorosas y duraderas. Sin embargo, la historia de David tiene un buen final. Él respondió a su pecado correctamente y siguió pastoreando a Israel con integridad de corazón y los dirigió con una mano experta (Salmo 78:72). Su simiente proveyó el vínculo humano para la trituración de Satanás y la redención del alma que se prometió en Génesis 3:15.

La confesión de David de su pecado en el Salmo 51 es una oración modelo para los que han violado el plan de Dios para la pureza sexual:

Ten piedad de mí, oh Dios, conforme a tu misericordia; conforme a la multitud de tus piedades borra mis rebeliones. Lávame más y más de mi maldad, y límpiame de mi pecado.

Porque yo reconozco mis rebeliones, y mi pecado está siempre delante de mí. Contra ti, contra ti solo he pecado, y he hecho lo malo delante de tus ojos; para que seas reconocido justo en tu palabra, y tenido por puro en tu juicio… Crea en mí, oh Dios, un corazón limpio, y renueva un espíritu recto dentro de mí. No me eches de delante de ti, y no quites de mí tu santo Espíritu. Vuélveme el gozo de tu salvación, y espíritu noble me sustente (vv. 1-4,10-12).

Sin embargo, hay una diferencia principal. David se relacionaba con Dios bajo el Viejo Pacto, pero nosotros tenemos el privilegio de relacionarnos con Dios bajo el Nuevo Pacto. Bajo el pacto de la gracia de Dios Él nos perdona, y *nunca* nos dejará ni abandonará. También nos ha dado un corazón nuevo y un espíritu nuevo. Con el amor y la presencia de Dios en nuestra vida podemos tener garantizado el resultado de esta guerra porque la batalla ya se ganó.

Así que no se sienta desanimado con la realidad aleccionadora de las consecuencias naturales de las decisiones pecaminosas. Dios lo ama porque Dios es amor. Es su naturaleza amarlo, y es por eso que su amor es incondicional. La vida sin Cristo es un fin sin esperanza, pero la vida con Cristo es una esperanza sin fin. Anímese. Jesucristo rompió el poder del pecado, derrotó al diablo, le dio a usted una nueva vida en Él y lo hizo libre. Es posible que usted no se sienta libre ahora, pero siga leyendo, y no se detenga hasta que llegue al último capítulo.

CAPÍTULO CUATRO

El ciclo de la adicción

*Algo de condicionamiento psicológico y sociológico
existe en la vida de cada persona y esto afecta las
decisiones que toma. Pero debemos resistir el concepto
moderno de que todo pecado se puede explicar solo
sobre la base del condicionamiento.*

FRANCIS SCHAEFFER

SER UN DIRECTOR DE CLUB CON JUVENTUD PARA CRISTO
fue mi primer ministerio oficial. La noche que hablé acerca del
sexo, un joven vino con su novia. Al terminar mi charla, me preguntó: «No soy cristiano, pero si me acuesto con mi novia, ¿cree
que alguno de los dos lo lamentará luego?» Esa es la pregunta más
madura que he oído de un adolescente. ¡Ojalá todo el mundo
considerara las consecuencias de sus decisiones y luego tomara la
decisión correcta!

Sabemos que David lamentó su decisión pecaminosa de acos-
tarse con Betsabé. Miremos más a fondo en la historia de su hijo
Amnón y veamos cómo este se fue deteriorando hasta violar a su
medio hermana Tamar. Al igual que David, comenzó con una in-
fatuación inocente, pero esta se convirtió en una obsesión. «Se
enamoró de ella Amnón hijo de David. Y estaba Amnón angus-
tiado hasta enfermarse por Tamar su hermana, pues por ser ella

virgen, le parecía a Amnón que sería difícil hacerle cosa alguna» (2 Samuel 13:1-2). Lo que Amnón llamaba amor en realidad era lujuria, como muestra su conducta egoísta.

Salomón advirtió en Proverbios 6:25-26: «No codicies su hermosura en tu corazón, ni ella te prenda con sus ojos; porque a causa de la mujer ramera el hombre es reducido a un bocado de pan; y la mujer caza la preciosa alma del varón». Tamar no era una prostituta, pero la fantasía sexual en la mente de Amnón se había repetido tantas veces que había enfermado físicamente. La había mirado lujuriosamente con demasiada frecuencia. La oportunidad de hallar la vía de escape se había perdido. La aventura amorosa la había repetido muchas veces en su mente. La lujuria alimentada con la fantasía sexual clama por expresarse. Así que Amnón y su amigo Jonadab tramaron un plan para llevar a Tamar a la cama de Amnón.

Una vez que se activa un plan para satisfacer las demandas de la lujuria, rara vez se detiene. Amnón había perdido el control, y cuando no hay dominio propio, se pierde la cabeza. La lujuria de Amnón lo había reducido «a un bocado de pan». Él era como «uno de los perversos en Israel» (2 Samuel 13:13).

Lo curioso es que inmediatamente después de violarla, «la aborreció Amnón con tan gran aborrecimiento, que el odio con que la aborreció fue mayor que el amor con que la había amado. Y le dijo Amnón: Levántate y vete» (2 Samuel 13:15). Amnón no amaba a Tamar. Nunca pensó en lo que sería mejor para ella. Estaba atrapado en un ciclo de adicción sexual. Las personas que viven en esclavitud aborrecen lo que los controla. Los alcohólicos anhelan una bebida, pero cuando se han saciado, estrellan la botella contra la pared con remordimiento, solo para comprar otra botella cuando el deseo regresa. El adicto a la pornografía quema sus revistas, echa sus vídeos para adultos en el cesto de la basura y le dice a su amante que no la quiere ver más. Pero cuando los fuegos de la lujuria se reavivan, como siempre, regresa a los viejos lugares en busca de una dosis sexual. La caída en espiral de la degradación sexual es predecible.

El ciclo de la adicción

El ciclo de la adicción es, básicamente, igual en toda clase de esclavitud. Comienza con un punto de partida. Este representa quiénes somos y qué estamos experimentando en el momento de nuestra primera experiencia con el sexo, las drogas o el alcohol.

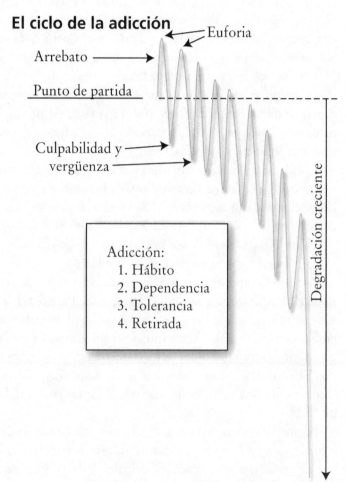

Hay un arrebato físico-emocional cuando nos estimula un pensamiento o una experiencia sexual que termina en un clímax eufórico, que mengua rápidamente. Por ejemplo, Pepe, un adolescente, se fija en una muchacha nueva de su clase. Mari es una verdadera belleza para él, y siente un arrebato emocional solo de verla. Cuando Mari responde a su mirada con una sonrisa, la cara de Pepe se sonroja y el corazón le late de emoción. Nunca ha tenido una sensación tan gratificante. Cuando suena la campana y Mari sale de la clase, Pepe regresa a su punto de partida. El arrebato terminó por ahora... pero le gustó lo que sintió. Está loco por volver a ver a Mari y experimentar aquella emoción.

Durante varias semanas Pepe le echa miradas furtivas a Mari y siente palpitar su corazón. Pepe es un muchacho normal y un cristiano que tiene normas de pureza sexual. Al principio solo piensa en el bien de Mari. La atracción que siente por ella vence su temor al rechazo, y la invita a salir.

Conducir en su auto con Mari eleva el arrebato a nuevas alturas. Cuando ella inocentemente tiende la mano y toca su pierna, ¡Pepe casi sale por la ventanilla! Se toman las manos y termina la cita con un leve abrazo. Pepe está enamorado. Hasta ahora, todo está bien. No ha faltado a sus normas, pero comienza a imaginarse qué pasaría si fuera un poquito más allá.

Al poco tiempo un abrazo y luego un beso de Mari no le dan a Pepe el mismo furor que sentía al principio. Para tener la misma experiencia eufórica, Pepe tiene que volverse más atrevido. Sin embargo, para lograrlo tiene que dejar un poquito a un lado sus convicciones morales. Pepe se ha vuelto más atrevido con sus manos durante los apasionados besos de despedida. Cuando está solo, comienza a soñar con tocar y besar otras partes del cuerpo de Mari.

Al principio cruzar la línea le trajo una gratificación inmediata, y fue agradable. Pero al menguar la euforia, la conciencia de Pepe entra en acción con punzadas de culpabilidad y vergüenza. La carne, sin embargo, quiere seguir adelante. Cada vez que cede a sus deseos siente mayor remordimiento, pero luego cede todavía más. Descubre que una bebida le ayuda a vencer sus inhibiciones y a mitigar su conciencia. Pepe, y quizá Mari también, está cayendo en espiral en un ciclo de adicción. Puede parar, ¿pero quiere?

Resultado: Esclavitud

Las eufóricas experiencias sexuales y químicas van menguando, y se requiere más estímulo para obtener la misma sensación. Cada uso o experiencia sucesiva aumenta nuestra tolerancia química y sexual. Al crecer la lujuria, se requiere más estímulo para aplacarla. Pero no se puede satisfacer. Mientras más se alimenta un deseo carnal, más crece. Las experiencias sexuales normales no parecen producir la euforia que un simple toque una vez causó. Así que hay que probar otras experiencias para producir la misma sensación. Solo queremos volver a sentir el arrebato inicial que fue tan agradable, pero mayores niveles de degradación nos alejan, junto con nuestro estilo de vida, de nuestro punto de partida. La autogratificación domina nuestros pensamientos, y hace tiempo que dejamos de considerar que la otra persona es más importante que nosotros (vea Filipenses 2:1-5). Cuando violamos la conciencia o los límites morales de otra persona, hemos contristado al Espíritu.

A la vez que continúa el descenso, el hábito sexual produce una aumentada dependencia de la experiencia. La euforia se convierte en una manera de aliviar el estrés y la tensión. La mente está llena de imágenes pornográficas y los recuerdos de experiencias verdaderas. Muchas personas en la esclavitud sexual comienzan a alejarse de los demás y de Dios a la vez que continúa la degradación. El ciclo desenfrenado de la adicción sexual abre las puertas a las enfermedades transmitidas sexualmente y a la muerte para algunos. Los adictos con una fuerte conciencia en cuanto a violar a otros se vuelven a la autogratificación, y la pornografía y la masturbación desenfrenada dominan su mundo privado.

En un matrimonio cristiano piadoso, el amor y la confianza son los medios para tener intimidad sexual, la cual puede ser sumamente agradable para los esposos que se aman. Sin embargo, para aquellos que son adictos al sexo, el temor y el peligro suplantan el amor y la confianza. Un hombre casado me relató que satisfacía sus deseos de tener relaciones sexuales «excitantes» a través de un amorío adúltero en un motel. A él y a su «amante» les gustaba tener relaciones con las cortinas abiertas o bien tarde de noche en la piscina del motel. Para este hombre, las relaciones sexuales con su esposa cristiana ya no eran excitantes porque su lujuria estaba reforzada por el temor y el peligro.

La degeneración espiritual produce degradación física

La vergonzosa decadencia de la adicción sexual se describe en Romanos 1:24-28:

> Por eso Dios los entregó a los malos deseos de sus corazones, que conducen a la impureza sexual, de modo que degradaron sus cuerpos los unos con los otros. Cambiaron la verdad de Dios por la mentira, adorando y sirviendo a los seres creados antes que al Creador, quien es bendito por siempre. Amén.
>
> Por tanto, Dios los entregó a pasiones vergonzosas. En efecto, las mujeres cambiaron las relaciones naturales por las que van contra la naturaleza. Asimismo, los hombres dejaron las relaciones naturales con la mujer y se encendieron en pasiones lujuriosas los unos con los otros. Hombres con hombres cometieron actos indecentes, y en sí mismos recibieron el castigo que merecía su perversión.
>
> Además, como estimaron que no valía la pena tomar en cuenta el conocimiento de Dios, él a su vez los entregó a la depravación mental, para que hicieran lo que no debían hacer (*NVI*).

Note la progresión: de las pasiones vergonzosas a la homosexualidad y a la depravación mental. Como nación, los Estados Unidos están probablemente entre el segundo y el tercer paso. La homosexualidad ya se acepta como un estilo de vida alternativo y las cortes lo protegen. Nuestra mente se está volviendo cada vez más depravadas. Pero lo que es más espantoso de esto es que la mente depravada carece de lógica. Ya no puede razonar moralmente, y por lo tanto nos estamos deslizando totalmente de nuestra base moral como nación.

Si usted se encuentra en esta caída en espiral, entienda que su degradación comenzó cuando cambió la verdad de Dios por una mentira y empezó a adorar las cosas que se crearon antes que al Creador. En un momento de tentación, usted eligió seguir los deseos lujuriosos en vez del plan de Dios para la pureza moral. Con cada elección negativa repetida, la mentira se fue arraigando más profundamente. Satanás, el «padre de mentira» (Juan 8:44), está ganando la batalla por su mente.

Hay muchas maneras en las que se nos tienta a cambiar lo natural por lo que no es natural en cuestiones de comportamiento sexual. Una de ellas es la fascinación con el sexo oral y anal. Antes de la denominada revolución sexual de la década del 1960, esos actos se consideraban sodomía en casi todos los Estados Unidos. Aun hoy los medios de comunicación usan el término *sodomía* cuando se refieren al sexo oral. Los jóvenes experimentan con el sexo oral porque lo consideran «libre de riesgos»: no puede terminar en un embarazo. Pero no es libre de riesgos ni saludable cuando las enfermedades transmitidas sexualmente andan rampantes. Para mostrarle hasta qué punto hemos llegado desde la década del 1960, en 2003 la Corte Suprema de los Estados Unidos derogó una ley del estado de Texas en contra de la sodomía y en esencia dijo que ningún estado puede regular las normas sexuales de adultos condescendientes. Hoy los adolescentes no consideran que tener sexo oral sea tener «relaciones sexuales». Piensen lo que piensen, se están uniendo con otra persona, fuera del matrimonio, y este tipo de unión produce esclavitud.

¿Son naturales el sexo oral y anal? ¿Fue para eso que Dios diseñó esas partes del cuerpo? ¿Fue una persona creada para caminar con sus manos y la otra con sus pies? Desde el punto de vista de la higiene, ¿es natural poner la boca tan cerca de orificios diseñados para la eliminación de los excrementos humanos? Este aspecto de la revolución sexual ha ayudado a los homosexuales a proliferar porque uno no necesita el sexo opuesto para practicar el sexo oral o anal. ¿Hemos cambiado la verdad de Dios por una mentira? Por otro lado, si una pareja cristiana está de acuerdo en que el sexo oral es un uso natural de sus cuerpos y que no están violando la conciencia el uno del otro, adelante.

La ignorancia de la verdad no es excusa. Pablo claramente nos advirtió que «la ira de Dios viene revelándose desde el cielo contra toda impiedad e injusticia de los seres humanos, que con su maldad obstruyen la verdad. Me explico: lo que se puede conocer acerca de Dios es evidente para ellos, pues él mismo se lo ha revelado» (Romanos 1:18-19, NVI). Cada decisión consciente en contra de la verdad entumece la conciencia del alma en cuanto a ella. Formas de conducta que una vez se veían como anormales e indecentes se aceptan apasionadamente como normales. La conciencia se cauteriza, y el conocimiento de Dios se oscurece.

Dios entrega a los que no lo honran a las pasiones vergonzosas. Cuando la iglesia en Corinto condonó un incidente de perversión sexual, Pablo instruyó: «El tal sea entregado a Satanás para destrucción de la carne, a fin de que el espíritu sea salvo en el día del Señor Jesús» (1 Corintios 5:5).

A través de este proceso degenerativo, Dios bondadosamente nos ofrece una manera de regresar por medio de Cristo. No importa dónde estén las personas en su fuga de la luz a las tinieblas, hay un camino de regreso seguro . El violador en serie y los homicidas condenados a muerte pueden cobijarse bajo la misericordia de Dios y recibir su perdón. En la economía de Dios, el pecado no se mide ni por la calidad ni por la cantidad. Jesús murió por *todos* nuestros pecados.

¿Habrá esperanza para los que no han ido demasiado lejos? ¿Podemos arrepentirnos de nuestras vidas pecaminosas y regresar a Dios? Claro que sí, y la libertad de la esclavitud sexual es posible para cada hijo de Dios que esté dispuesto a someterse a Dios y resistir al diablo. Podemos tener victoria sobre el pecado si entendemos nuestra posición en Cristo y nos apropiamos de ella.

Fortalezas del enemigo en la mente

Si usted aceptó a Cristo, espero que haya aprendido que es una nueva criatura «en Cristo», y que las cosas viejas pasaron. Además, se trasladó del reino de las tinieblas al Reino del amado Hijo de Dios, y ya no está «en Adán», sino vivo «en Cristo». Como todo eso es cierto, es probable que se haya preguntado por qué sigue luchando con algunos de los mismos pensamientos y hábitos. O quizá se acercó a Cristo esperando que su adicción sexual o química se resolviese, pero todavía tiene los mismos antojos y pensamientos. Hay una explicación lógica y bíblica en cuanto a por qué esto es así.

Todos nacimos vivos físicamente pero muertos espiritualmente (Efesios 2:1). No teníamos ni la presencia de Dios en nuestra vida ni conocimiento de sus caminos. Así que durante esos primeros años formativos todos aprendimos a vivir nuestras vidas independientes de Dios. Entonces, un día aceptamos a Cristo, y todo lo que escribí en el párrafo anterior llegó a ser cierto de nosotros, pero nadie apretó en nuestra mente el botón que dice «limpiar». Todo lo que se había programado previamente en nuestra memoria todavía estaba ahí. Es por esto que Pablo escribió: «No se amolden al mundo actual, sino sean transformados mediante la renovación de su mente. Así podrán comprobar cuál es la voluntad de Dios, buena, agradable y perfecta» (Romanos 12:2, NVI).

Sin Cristo, aprendimos cómo hacerle frente a las cosas o a defendernos como una forma de supervivencia. Los psicólogos llaman a estas formas de sobrevivir *mecanismo de defensa*: denegación, racionalización, proyección, culpar, mentir, aislamiento emocional, etc. Es parecido a lo que otros llaman *patrones carnales* o *fortalezas mentales del enemigo*. Estos patrones habituales del pensamiento son marcas de hábitos grabados en nuestro cerebro, como las que deja un camión que transita la misma ruta sobre un pasto todos los días. Se forman surcos profundos, y el camión sigue por los surcos sin tener uno que conducirlo. Es más, cualquier intento de sacarlo de los surcos recibe resistencia.

Las fortalezas mentales enemigas se asimilan en nuestras mentes a partir del ambiente en el cual nos criaron, de dos maneras. Primero, se desarrollan en la mente principalmente a través de nuestras *experiencias prevalecientes*, tal como los hogares en los que crecimos, las escuelas en las que estudiamos, las iglesias a las que íbamos (o no íbamos) y los amigos y enemigos que tuvimos. Las actitudes mentales más bien las adquirimos que aprendemos. Por ejemplo, es posible que sus amigos del barrio le hayan mostrado revistas pornográficas o hayan experimentado con usted sexualmente. Sus niñeras pueden haberlo acariciado de una manera sexual. Tales experiencias tendrán efectos duraderos a menos que las enfrente.

El ambiente no es el único factor determinante para las fortalezas mentales enemigas, porque cada uno de nosotros tiene la posibilidad de escoger. Dos niños pueden crecer en el mismo hogar con los mismos padres, comer las mismas comidas, jugar con los mismos amigos y asistir a la misma iglesia, pero responder de una manera distinta a la vida. Somos expresiones individuales de la hechura de Dios (Salmo 139:13-14; Efesios 2:10). A pesar de las semejanzas en los genes y en la crianza, nuestras personalidades únicas y nuestra capacidad de decidir de forma individual resultan en diferentes evaluaciones y respuestas a la vida.

El segundo más importante contribuyente al desarrollo de las fortalezas del enemigo en nuestra mente son las *experiencias traumáticas*. Mientras que las experiencias prevalecientes en nuestra mente las asimila con el transcurso del tiempo, las experiencias traumáticas se nos graban en la mente por ser tan intensas; por ejemplo, la muerte de un padre, un divorcio, un incesto o una violación. Estas experiencias se almacenan en nuestra memoria e influyen en nuestros pensamientos. No es que seamos esclavos de esas experiencias, sino que estamos esclavos a las mentiras que debido al trauma decidimos creer acerca de Dios, de nosotros mismos y la vida en general.

Al lidiar con la reprogramación de nuestra mente respecto al impacto negativo de las experiencias del pasado, también enfrentamos a diario el sistema de un mundo impío. Es importante entender que podemos seguir conformándonos a este mundo, aun siendo cristianos, creyendo mentiras, leyendo materiales que no debemos leer y cosas por el estilo. No somos inmunes a la influencia del mundo; podemos permitir que nos afecte el pensamiento y la conducta. «Mirad que nadie os engañe por medio de filosofías y huecas sutilezas, según las tradiciones de los hombres, conforme a los rudimentos del mundo, y no según Cristo» (Colosenses 2:8).

Las fortalezas del enemigo y la tentación

Puesto que vivimos en este mundo, nos enfrentaremos de continuo a la tentación de conformarnos a él. Sin embargo, no es un pecado que nos tienten. Si lo fuera, Cristo sería el peor pecador que jamás ha vivido porque él «fue tentado en todo según nuestra semejanza» (Hebreos 4:15). Más bien pecamos cuando a sabiendas escogemos ceder a la tentación, algo que Cristo nunca hizo.

Toda tentación es un intento de Satanás de lograr que vivamos independientemente de Dios, que andemos conforme a la carne en vez de conforme al Espíritu (vea Gálatas 5:16-23). Satanás sabe precisamente cuáles botones apretar cuando nos tienta, porque él es un tremendo observador. Él conoce nuestras debilidades y nuestra historia familiar. Él está al tanto de las experiencias prevalecientes y traumáticas que hemos tenido y que nos han dejado vulnerable a ciertas tentaciones. Basado en nuestra conducta pasada, conoce nuestra vulnerabilidad a las tentaciones sexuales.

Cada tentación comienza con la semilla de un pensamiento sembrada en su mente por el mundo, la carne o el mismo diablo.

Algunos patrones carnales típicos

Si seguimos actuando conforme a las malas decisiones en respuesta a la tentación, se puede formar un hábito en cuestión de seis semanas. Si el hábito persiste, se levantará una fortaleza del enemigo en su mente.

De continuo nos bombardean los pensamientos sexualmente estimulantes puesto que el sexo se usa en los medios de comunicación para «entretener» y venderlo todo, desde cerveza a automóviles. Por supuesto, la pornografía y las actividades sexuales ilícitas apoyan y consolidan las fortalezas sexuales, pero muchas personas ni siquiera necesitan el mundo externo para fantasear porque han programado demasiada basura en sus mentes a través de la Internet, la televisión, las películas, los libros y las revistas. Por esto es que las fortalezas sexuales enemigas son difíciles de vencer. Una vez que las imágenes se forman en la mente, se instalan allí para recordarlas instantáneamente. Un alcohólico no puede emborracharse fantaseando en cuanto a una botella. Un drogadicto no puede drogarse imaginándose que inhala cocaína. Pero el adicto al sexo puede tener amoríos en su mente y luego realizarlos en la privacidad de su casa.

Un complejo de inferioridad es una fortaleza enemiga importante con la que muchos cristianos lidian. No nacemos con complejos de inferioridad. Vienen por vivir en un mundo competitivo en el que nos comparamos con personas que corren más rápido, piensan de forma más inteligente o lucen más atractivas. Si a usted lo asedian sentimientos de inferioridad, es probable que haya crecido en un ambiente competitivo o eligió compararse con otros. Por mucho que usted lo intentaba, no podía complacer a sus padres o profesores, y alguien siempre lo sobrepasaba.

Como un hijo de Dios redimido, ahora entiende que no es inferior a nadie. Pero algunos pensamientos bien arraigados del pasado parecen ahogar el amor y la afirmación que recibe de Dios. Se siente atrapado en un callejón sin salida, siempre en busca de la aceptación que lo eludió cuando era niño. Eso es una fortaleza del enemigo, y solo en Cristo se puede derribar.

Considere la variedad de fortalezas enemigas que resultan de criarse en un hogar en el que el padre es adicto al alcohol. Cada noche llega a la casa borracho y agresivo. Su hijo mayor es suficientemente fuerte para enfrentarse a él. De ninguna manera va a aceptar nada de este borracho. El hijo del medio no cree que sea posible enfrentar al papá, así que trata de complacerlo en todo. Y el hijo menor está aterrorizado. Cuando el padre llega a casa, él se va al ropero o se esconde debajo de la cama.

Veinte años después, el padre ya no está y los tres muchachos ya son adultos. Cuando se enfrentan a una situación hostil,

¿cómo cree que responden? El mayor pelea, el del medio complace y el menor sale corriendo y se esconde.

Una fortaleza sexual del enemigo

La homosexualidad es una fortaleza del enemigo. Sin embargo, condenar a los que luchan con esta conducta resultará contraproducente. Ellos no necesitan más condenación. Padecen de una increíble crisis de identidad. El autoritarismo opresivo es lo que ha conducido a muchos a este estilo de vida.

Muchas de las personas que luchan con las tendencias o conductas homosexuales tuvieron una crianza deficiente. El abuso sexual, las familias disfuncionales (con frecuencia en las que los papeles de madre y padre se han invertido), contacto con literatura homosexual antes de tener la oportunidad de desarrollar su propia identidad sexual, las bromas en el campo de juego y relaciones deficientes con el sexo opuesto han contribuido a su desarrollo mental y emocional. Los mensajes mixtos conducen a emociones mixtas.

Charles, un pastor de cincuenta y dos años, me confesó que siempre había luchado contra las tendencias homosexuales. Más de una vez se había entregado a esos impulsos. Le había rogado a Dios que lo perdonara y le quitara esas tendencias. Había ido a cultos de sanación y grupos de autoayuda para personas con ataduras sexuales. Nada había sido efectivo. Dicho sea a su favor, Charles nunca había abandonado a Dios. Estaba casado y de alguna manera había logrado que sus hijos no supieran de su lucha. (La mayoría de las personas bajo la esclavitud sexual luchan en privado. Es una batalla sumamente solitaria.)

Le pregunté a Charles cuál era el recuerdo más temprano de su niñez. Regresó entonces a la edad de dos años. Su papá biológico lo había abandonado antes de nacer, y su madre cristiana se había ocupado de su crianza. Esta tenía un novio que de vez en cuando la visitaba y pasaba la noche allí. Esas noches, Charles tenía que compartir la cama con aquel hombre, a quien admiraba. Sus memorias más tempranas eran de aquel hombre, a quien él admiraba tanto, que le daba la espalda y se quedaba dormido. El niñito buscaba desesperadamente la afirmación de una figura masculina. Deseaba con todas sus fuerzas que lo amaran, aceptaran y apreciaran.

Al guiarlo a través de Los Pasos Hacia la Libertad en Cristo, Charles rompió a llorar. Perdonó a su padre biológico por abandonarlo, y también perdonó al hombre que había dormido en su cama por rechazarlo. Entonces renunció a todo uso sexual de su cuerpo como instrumento de injusticia y se entregó a sí mismo y su cuerpo al Señor. También lo exhorté a renunciar a la mentira de que era homosexual y declarar la verdad de que Dios lo creó para ser hombre. Al terminar los Pasos, experimentó su libertad en Cristo.

No, no eché fuera un demonio de homosexualidad. No creo que haya un demonio de homosexualidad ni un demonio de lujuria. Esa clase de pensamiento simplista ha afectado la credibilidad de la Iglesia. He visto en el horario de máxima audiencia de la televisión que se han mofado del cristianismo ante el hecho de que algunos homosexuales de ambos sexos se han ido de la iglesia porque algunos cristianos bien intencionados han tratado de echarles fuera los demonios de la homosexualidad.

No me malentienda, no hay duda de que Satanás es parte de nuestro problema ni de que sus jerarquías de demonios tentarán, acusarán, engañarán y se aprovecharán de cualquier puerta que se les abra. Pero debemos tener una respuesta más integral si queremos ver algún fruto permanente.

Hemos identificado el plan de Dios en cuanto al sexo y el matrimonio. Hemos visto cómo Satanás trata de pervertir ese plan y desviar nuestra atención del Creador hacia los deseos egocéntricos. Hemos considerado los factores que contribuyen a la esclavitud sexual y hemos enumerado los pasos que conducen a un oscuro callejón sin salida. Creo que ahora estamos listos para dirigir nuestra atención a la respuesta de Dios.

CAPÍTULO CINCO

El programa de un paso

*El cristiano triunfante no tiene que pelear para obtener la
victoria; celebra una victoria que ya está ganada.*

REGINALD WALLIS

SI LA PALABRA DE DIOS ORDENA TAN CLARAMENTE a las personas no vivir en la esclavitud sexual, ¿por qué simplemente no obedecemos a Dios y dejamos de hacer lo que Él prohíbe? Porque decirle a alguien que lo que hace está mal no le da el poder de dejar de hacerlo. Pablo declaró: «Si se hubiera promulgado una ley capaz de dar vida, entonces sí que la justicia se basaría en la ley. Pero la Escritura declara que todo el mundo es prisionero del pecado» (Gálatas 3:21-22 *NVI*).

Aun más reveladora es la declaración de Pablo de que «las malas pasiones que la ley nos despertaba actuaban en los miembros de nuestro cuerpo» (Romanos 7:5 *NVI*). La ley en realidad tiene la capacidad de estimular lo que prohíbe. El fruto prohibido siempre parece más deseable. Si no lo cree, dígale a su niño que puede ir *allá* pero no *allí*. En el momento en que usted lo diga, ¿adónde quiere ir? *¡Allí!* Declarar la ley no quita las pasiones pecaminosas. El problema central es la naturaleza básica de las personas —no su conducta—, la cual solo revela quiénes son y en lo que han elegido creer.

Los fariseos eran las personas más respetuosas de la ley en los tiempos de Jesús, pero estaban lejos de ser justos. Jesús dijo a sus discípulos: «Si vuestra justicia no fuere mayor que la de los escribas y fariseos, no entraréis en el reino de los cielos» (Mateo 5:20). Tratar de vivir una vida justa externamente cuando no somos justos internamente siempre resulta en que nos convertimos en «sepulcros blanqueados, que por fuera, a la verdad, se muestran hermosos, mas por dentro están llenos de huesos de muertos y de toda inmundicia» (Mateo 23:27). Hay que ver lo que está por dentro, «porque de dentro, del corazón de los hombres, salen los malos pensamientos, los adulterios, las fornicaciones, los homicidios, los hurtos, las avaricias, las maldades, el engaño, la lascivia, la envidia, la maledicencia, la soberbia, la insensatez. Todas estas maldades de dentro salen, y contaminan al hombre» (Marcos 7:21-23).

El secreto de la victoria: Nuestra identidad en Cristo

Si no da resultado esforzarse más para romper las ataduras de los pensamientos y la conducta lujuriosos y vivir en pureza sexual, ¿qué da resultado? Dos versículos de la Biblia resumen lo que debe pasar para que vivamos de manera justa en Cristo. Primero: «Para esto apareció el Hijo de Dios, para deshacer las obras del diablo. Todo aquel que es nacido de Dios, no practica el pecado, porque la simiente de Dios permanece en él» (1 Juan 3:8-9). Si vamos a ser libres de la esclavitud sexual y andar en esa libertad, nuestra naturaleza básica debe cambiar, y tenemos que tener una manera de vencer al maligno.

Para los que estamos vivos en Cristo, estas condiciones están satisfechas, como nos dice el segundo versículo. Dios nos ha hecho participantes de su naturaleza divina (2 Pedro 1:4) y ha proporcionado los medios para vivir en victoria sobre el pecado y Satanás. ¿Qué nos pasó?

Antes de aceptar a Cristo, las siguientes palabras nos describían:

> Y él os dio vida a vosotros, cuando estabais muertos en vuestros delitos y pecados, en los cuales anduvisteis en otro tiempo, siguiendo la corriente de este mundo, conforme al príncipe de la potestad del aire, el espíritu que ahora opera en los hijos de desobediencia, entre los cuales también todos nosotros vivimos en otro tiempo en los deseos de nuestra carne, haciendo la voluntad de la carne y de los pensamientos, y éramos por naturaleza hijos de ira, lo mismo que los demás (Efesios 2:1-3).

Antes de Cristo, estábamos muertos y bajo el dominio de Satanás. Pero un cambio ocurrió en el momento de la salvación. Pablo escribió: «En otro tiempo erais tinieblas, mas ahora sois luz en el Señor; andad como hijos de luz» (Efesios 5:8). Nuestra vieja naturaleza en Adán era tinieblas; nuestra nueva naturaleza en Cristo es luz. Hemos sido transformados en el centro mismo de nuestro ser. Ya no estamos «en la carne»; estamos «en Cristo». Pablo escribió: «Los que viven según la carne no pueden agradar a Dios. Mas vosotros no vivís según la carne, sino según el Espíritu, si es que el Espíritu de Dios mora en vosotros. Y si alguno no tiene el Espíritu de Cristo, no es de él» (Romanos 8:8-9).

Además, antes de ser cristianos estábamos bajo el dominio del dios de este mundo, Satanás. Pero en el momento en que Dios nos salvó, «nos libró del dominio de la oscuridad y nos trasladó al reino de su amado Hijo, en quien tenemos redención, el perdón de pecados» (Colosenses 1:13-14). Ya no tenemos que servir ni a Satanás ni al pecado. Estamos «completos en él, que es la cabeza de todo principado y potestad» (Colosenses 2:10). Tenemos la libertad de obedecer a Dios y caminar en justicia y pureza.

Todas nuestras necesidades se suplen en Cristo

Pablo dice: «Mi Dios, pues, suplirá todo lo que os falta conforme a sus riquezas en gloria en Cristo Jesús» (Filipenses 4:19). Lo que más nos falta son lo que llamamos las necesidades del «ser», como la vida eterna. Jesús vino para que pudiéramos tener vida

(Juan 10:10), vida espiritual o eterna. Estar vivo espiritualmente significa que el alma nuestra está en unión con Dios. En la Biblia, esa verdad con más frecuencia se comunica por medio de la frase preposicional «en Cristo» o «en Él». Y tenemos una nueva identidad: «Mas a todos los que le recibieron, a los que creen en su nombre, les dio potestad de ser hechos hijos de Dios» (Juan 1:12). «Mirad cuál amor nos ha dado el Padre, para que seamos llamados hijos de Dios; por esto el mundo no nos conoce, porque no le conoció a él» (1 Juan 3:1).

Nuestras fundamentales necesidades del «ser» en cuanto a aceptación, seguridad y significado se suplen todas en Cristo:

En Cristo

Soy aceptado:

Juan 1:12	Soy un hijo de Dios
Juan 15:15	Soy el amigo elegido de Dios
Romanos 5:1	He sido hecho santo y soy aceptado por Dios (justificado)
1 Corintios 6:17	Estoy unido con el Señor y soy uno con Él en espíritu
1 Corintios 6:20	He sido comprado por precio, pertenezco a Dios
1 Corintios 12:27	Soy miembro del Cuerpo de Cristo, parte de su familia
Efesios 1:1	Soy santo, una persona santa.
Efesios 1:5	He sido adoptado como hijo de Dios
Efesios 2:18	Tengo acceso directo a Dios por medio del Espíritu Santo
Colosenses 1:14	He sido comprado de nuevo (redimido) y perdonado de todos mis pecados
Colosenses 2:10	Estoy completo en Cristo

Estoy seguro:

Romanos 8:1-2	Soy libre de condenación
Romanos 8:28	Tengo la certeza de que todas las cosas obrarán para mi bien
Romanos 8:31-34	Soy libre de toda acusación de condenación contra mí.
Romanos 8:35-39	Nada ni nadie puede separarme del amor de Dios
2 Corintios 1:21	He sido establecido, ungido y sellado por Dios
Colosenses 3:3	Estoy escondido con Cristo en Dios
Filipenses 1:6	Tengo la certeza de que la buena obra que Dios comenzó en mí será perfeccionada.
Filipenses 3:20	Soy ciudadano del cielo
2 Timoteo 1:7	No se me ha dado espíritu de cobardía, sino de poder, de amor y de dominio propio
Hebreos 4:16	Puedo hallar gracia y misericordia en el momento oportuno
1 Juan 5:18	Soy nacido de Dios y el maligno no me puede tocar

Soy significativo

Mateo 5:13	Soy la sal y la luz para todos los que me rodean.
Juan 15:1-5	Soy parte de la vid verdadera, unido con Cristo y puedo producir mucho fruto
Juan 15:16	Jesús me ha escogido para llevar fruto
Hechos 1:8	Soy un testigo de Cristo

1 Corintios 3:16	Soy templo de Dios, donde mora el Espíritu Santo
2 Corintios 5:17-20	Tengo paz con Dios, y Él me ha dado la tarea de hacer las paces entre Él y otras personas. Soy un ministro de la reconciliación
2 Corintios 6:1	Soy un colaborador de Dios
Efesios 2:6	Estoy sentado con Cristo en lugares celestiales
Efesios 2:10	Soy hechura de Dios
Efesios 2:10	Puedo acercarme a Dios con libertad y confianza
Filipenses 4:13	Todo lo puedo en Cristo que me fortalece

No hay manera de arreglar los fracasos y los pecados del pasado, pero por la gracia de Dios podemos librarnos de ellos. La Palabra de Dios declara: «De modo que si alguno está en Cristo, nueva criatura es; las cosas viejas pasaron; he aquí todas son hechas nuevas» (2 Corintios 5:17). Además, estamos sentados en los lugares celestiales con Cristo, bien por encima de la autoridad de Satanás (Efesios 2:4-6; Colosenses 2:10-11), lo que significa que tenemos autoridad para hacer la voluntad de Dios. Pero también tenemos una responsabilidad. Tenemos que *creer la verdad* de quiénes somos en Cristo y *cambiar la forma en que vivimos* como hijos de Dios.

El problema principal con los que viven en esclavitud —sexual u otra— es que no *ven* las verdades que acabamos de relatar. Así que Pablo ora: «Pido también que les sean iluminados los ojos del corazón para que sepan a qué esperanza él los ha llamado, cuál es la riqueza de su gloriosa herencia entre los santos, y cuán incomparable es la grandeza de su poder a favor de los que creemos» (Efesios 1:18-19 *NVI*). Ya somos partícipes de la rica herencia de Cristo, y ya tenemos poder para vivir victoriosamente en Cristo. Dios ya ha logrado para nosotros lo que no podíamos lograr por nosotros mismos. Mi oración también es que los ojos de su corazón se iluminen para ver la herencia y poder que Dios le ha proporcionado en Cristo. En el resto de este capítulo descubrirá más de lo que usted debe *creer* para experimentar libertad de la esclavitud sexual. En el siguiente capítulo aprenderá cómo *andar* conforme a esa verdad liberadora.

La enseñanza de Pablo sobre nuestra posición en Cristo

Pablo argumenta en Romanos 6:1-11 que lo que es cierto acerca de Cristo usted debe contarlo como cierto acerca de su persona porque usted está vivo «en Cristo». (Él confirma esto en 8:16-17: «El Espíritu mismo le asegura a nuestro espíritu que somos hijos de Dios. Y si somos hijos, somos herederos; herederos de Dios y coherederos con Cristo».) También explica que si la muerte no tiene dominio sobre nosotros, el pecado tampoco lo tiene.

Cuando uno lee un mandamiento en la Biblia, lo único que es correcto es obedecerlo. Cuando encontramos una promesa en la Palabra de Dios, debemos apropiárnosla. Cuando la Escritura declara que algo es cierto, lo único que es correcto es creerlo. Es un concepto simple, pero muchos cristianos tratan de hacer lo que Cristo ya hizo por ellos. Esto debe aclararse más cuando discutamos aquí las enseñanzas de Pablo.

Además, el idioma griego del Nuevo Testamento es muy preciso en cuanto a los tiempos verbales. Uno puede saber cuándo un verbo está en tiempo pasado, presente o futuro, y si describe una acción continua o una acción que ocurrió en un momento específico en el tiempo. Sin embargo, no tiene que saber griego para apreciar lo que dice la Palabra de Dios. Las traducciones al castellano expresan esto bastante bien, y es provechoso saber que los tiempos verbales en Romanos 6:1-10 están todos en tiempo pasado. En otras palabras, esta verdad ya ha ocurrido, y la única respuesta adecuada es la fe.

Está muerto al pecado

Pablo comienza este pasaje preguntando: «¿Qué, pues, diremos? ¿Perseveraremos en el pecado para que la gracia abunde? En ninguna manera. Porque los que hemos muerto al pecado, ¿cómo viviremos aún en él?» (vv. 1-2). El cristiano derrotado pregunta: «¿Cómo hago eso? ¿Cómo muero al pecado, incluyendo los pecados sexuales que me tienen atado?» La respuesta es: «¡Usted no puede hacerlo!» ¿Por qué no? ¡Porque ya murió! Murió al pecado en el instante en que nació de nuevo. «Hemos muerto al pecado» está en tiempo pasado. Ya ocurrió en cuanto a cada hijo de Dios. Esta verdad es algo que uno debe creer, no algo que uno tiene que hacer.

«No *puedo* haber muerto al pecado», quizá responda usted, «porque no *me siento* muerto al pecado». Tiene que dejar a un lado lo que siente por unos cuantos versículos, porque lo que cree es lo que lo hace libre, no lo que siente. La Palabra de Dios es cierta, ya sea que usted elija creerla o no. Creer la Palabra de Dios no la hace cierta; su Palabra es cierta, por lo tanto debe creerla aunque lo que siente no esté de acuerdo.

Un pastor me dijo: «He estado luchando durante veintidós años en mi experiencia cristiana. Ha sido una prueba tras otra, y creo que sé en qué radica mi problema. Estaba haciendo mi devocional el otro día cuando me detuve en Colosenses 3:3: "Porque habéis muerto, y vuestra vida está escondida con Cristo en Dios". Esa es la clave de la victoria, ¿verdad?» Le aseguré que sí. Entonces me preguntó: «¿Cómo hago eso?»

Me sorprendió su pregunta, así que le dije que mirara de nuevo el pasaje y lo leyera más lentamente. Lo leyó de nuevo: «Porque habéis muerto, y vuestra vida está escondida con Cristo en Dios». De nuevo me preguntó desesperado: «Sé que necesito morir con Cristo, pero ¿cómo?» Aquel pobre hombre había intentado desesperadamente durante veintidós años hacer algo que ya estaba hecho: convertirse en alguien que ya es. Él no está solo. Muchos cristianos que creen en la Biblia permanecen empantanados en su vida cristiana porque no han entendido su identidad y posición en Cristo.

Usted fue bautizado en la muerte de Cristo

Pablo continúa: «¿O no sabéis que todos los que hemos sido bautizados en Cristo Jesús, hemos sido bautizados en su muerte?» (v. 3). Se sigue preguntando: «¿Y cómo se hace eso?» La respuesta es la misma: no podemos hacerlo, porque ya fuimos bautizados en Cristo Jesús. Ocurrió en el instante en que pusimos nuestra fe en Jesucristo como Salvador y Señor. No tiene sentido buscar algo que la Biblia afirma que ya tenemos: «Porque por un solo Espíritu fuimos todos bautizados en un cuerpo» (1 Corintios 12:13). «Fuimos» está en tiempo pasado. Ya pasó, cristiano, así que créalo.

Este pasaje se refiere a nuestro bautismo espiritual en Cristo, del cual la ordenanza externa que la mayoría de las iglesias practica es un símbolo, una representación simbólica de algo que ya se ha hecho. Agustín llamó al bautismo una «forma visible de una gracia invisible».

Usted resucitó a una nueva vida en Cristo
«Por tanto, mediante el bautismo, fuimos sepultados con él en su muerte, a fin de que, así como Cristo resucitó por el poder del Padre, también nosotros llevemos una vida nueva. En efecto, si hemos estado unidos con él en su muerte, sin duda también estaremos unidos con él en su resurrección» (vv. 4-5, *NVI*). ¿Ya estamos unidos con él? ¡Absolutamente! «Si hemos estado unidos con él» es, técnicamente, una *cláusula condicional de primera clase*. Literalmente se puede traducir: «Si estamos unidos con él —y ciertamente lo estamos— también estaremos unidos con él en su resurrección».

Pablo argumenta que no podemos recibir solo una parte de Jesús. Uno no se puede identificar con la muerte y sepultura de Cristo sin identificarse también con su resurrección y ascensión. Vivirá en la derrota si cree solo la mitad del evangelio. Usted murió con Cristo y resucitó con Él y se sentó con Él en los lugares celestiales (vea Efesios 2:6). Desde esta posición usted tiene toda la autoridad y el poder que necesita para vivir la vida cristiana. Cada hijo de Dios está vivo «en Cristo» y está identificado con Él…

- en su muerte (Romanos 6:3,6; Gálatas 2:20; Colosenses 3:1-3)

- en su sepultura (Romanos 6:4)
- en su resurrección (Romanos 6:5,8,11)
- en su ascensión (Efesios 2:6)
- en su vida (Romanos 5:10-11)
- en su poder (Efesios 1:19-20)
- en su herencia (Romanos 8:16-17; Efesios 1:11-12)

Jesús no vino solo a morir por nuestros pecados, sino también a darnos vida (Juan 10:10). Si lo único que entendemos es la crucifixión, nos percibiremos como «pecadores perdonados» en vez de percibirnos como santos redimidos, como *hijos de Dios.* Celebramos la resurrección de Cristo el Domingo de Resurrección, no solo su muerte el Viernes Santo. Es en la vida de la Resurrección de Cristo sobre lo que debemos permanecer.

Note cómo Pablo desarrolla esta verdad en Romanos 5:8-11: «Mas Dios muestra su amor para con nosotros, en que siendo aún pecadores, Cristo murió por nosotros» (v. 8). ¿No es esto maravilloso, cristiano? ¡Dios lo ama! ¿Pero es eso todo? ¡No! «*Pues mucho más*, estando ya justificados en su sangre, por él seremos salvos de la ira» (v. 9).

¿No es esto maravilloso, cristiano? ¡Usted no va al infierno! ¿Pero es eso todo? ¡No! «Porque si siendo enemigos, fuimos reconciliados con Dios por la muerte de su Hijo, *mucho más*, estando reconciliados, seremos salvos por su vida» (v. 10).

¿No sigue siendo esto maravilloso, cristiano? Usted es salvo para toda la vida. La vida eterna no es algo que recibe cuando muere. Usted está vivo en Cristo ahora mismo. ¿Pero es eso todo? ¡No! «Y no solo esto, sino que también nos gloriamos en Dios por el Señor nuestro Jesucristo, por quien hemos recibido ahora la reconciliación» (v. 11). Esta reconciliación nos asegura que nuestras almas están en unión con Dios, que es lo que significa estar vivo espiritualmente.

Pedro también afirma esta increíble verdad:

Como todas las cosas que pertenecen a la vida y a
la piedad nos han sido dadas por su divino poder,

mediante el conocimiento de aquel que nos llamó por su gloria y excelencia, por medio de las cuales nos ha dado preciosas y grandísimas promesas, para que por ellas llegaseis a ser participantes de la naturaleza divina, habiendo huido de la corrupción que hay en el mundo a causa de la concupiscencia (2 Pedro 1:3-4).

¿Está comenzando a ver un rayo de esperanza de triunfar sobre la esclavitud sexual? Debe estarlo, porque usted ya murió a ella y ha resucitado a una nueva y victoriosa vida en Cristo.

Su viejo hombre fue crucificado con Cristo

Pablo continúa: «Sabiendo esto, que nuestro viejo hombre fue crucificado juntamente con él, para que el cuerpo del pecado sea destruido, a fin de que no sirvamos más al pecado» (Romanos 6:6). El texto no dice que lo «debemos hacer». Dice: *Sabiendo esto*. Su viejo hombre fue crucificado con Cristo. La única reacción correcta ante esta poderosa verdad es creerla. Muchas personas están intentando desesperadamente de matar al viejo hombre —con todas sus tendencias a pecar— pero no pueden. ¿Por qué no? ¡Porque ya está muerto! Usted no puede hacer por sí mismo lo que solo Dios puede hacer y ya hizo por usted.

Los cristianos que continuamente fracasan en su experiencia cristiana comienzan a razonar incorrectamente y a preguntarse: «¿Qué experiencia debo tener para poder vivir en victoria?» Ninguna. La única experiencia necesaria para que este versículo sea cierto ocurrió hace unos dos mil años en la cruz. Y la única manera de entrar en esa experiencia hoy es por la fe. No podemos salvarnos a nosotros mismos, no podemos sobreponernos a la pena de muerte ni al poder del pecado por medio de los esfuerzos humanos. Solo Dios puede hacerlo por nosotros, y ya lo hizo.

Mientras explicaba esta verdad durante una conferencia, un hombre levantó la mano y dijo: «He sido cristiano durante trece años. ¿Por qué nadie nunca me dijo esto antes?» Quizá nadie se lo había dicho, o quizá no estaba escuchando. No crea que esto es solo una «verdad posicional», lo cual implica que hay poco o ningún beneficio presente en estar vivo y libre en Cristo. Esta no es una teología de promesas huecas. Esta es la única base de nuestra esperanza de vivir una vida justa. Si elegimos creer y vivir de este modo por fe, la verdad de este pasaje se desarrollará en nuestra experiencia. Tratar de hacerlo cierto por medio de nuestra experiencia conducirá a la derrota.

No vivimos en obediencia con la esperanza de que Dios algún día quizá nos acepte. Dios ya nos aceptó, y por eso vivimos en obediencia. No trabajamos en la viña de Dios con la esperanza de que algún día quizá nos ame. Dios ya nos ama, y por eso trabajamos con gozo en su viña. No es lo que hacemos lo que determina lo que somos; es lo que somos y lo que creemos lo que determina lo que hacemos.

Usted ha sido liberado del pecado

«Porque el que muere queda liberado del pecado» (Romanos 6:7, *NVI*). ¿Murió usted con Cristo? Entonces está liberado del pecado. Quizá esté pensando: *No me siento libre de pecado*. Si cree lo que siente, nunca vivirá una vida victoriosa. Sinceramente, yo me despierto algunas mañanas sintiéndome muy vivo al pecado y muy muerto a Cristo. Pero eso es solo lo que siento. Si creyera lo que siento y anduviera así el resto del día, ¿qué clase de día cree usted que tendría? ¡Sería un día terrible!

He aprendido a saludar cada nuevo día con esta oración: *Señor amado, merezco la condenación eterna, pero tú me diste vida eterna. Te pido que me llenes hoy de tu Espíritu Santo. Me propongo caminar por fe a pesar de la manera en que me siento. Sé que voy a enfrentar muchas tentaciones hoy, pero elijo llevar cautivo todo pensamiento a la obediencia de Cristo y pensar en lo que es verdadero y correcto.*

Un estudiante de seminario me preguntó: «¿Me está diciendo que no tengo que pecar?»

Le respondí: «¿De dónde sacaste la idea de que tienes que pecar?» Le leí entonces 1 Juan 2:1: «Hijitos míos, estas cosas os escribo para que no pequéis; y si alguno hubiere pecado, abogado tenemos para con el Padre, a Jesucristo el justo». Dios no se refiere a nosotros en la Biblia como pecadores. Nos identifica claramente como santos que todavía son capaces de pecar.

Obviamente, la madurez cristiana es un factor en nuestra capacidad de oponernos a la tentación, pero ¡qué sensación más terrible de derrota debe acompañar la creencia de que estamos atados al pecado cuando Dios nos manda no pecar! Muchas personas en esclavitud sexual están atrapadas en esta desesperada red. Piensan, *Dios, tú me hiciste así, y ahora me condenas por ello. ¡No es justo!* Eso sería injusto, pero Dios no formó a Adán y a Eva para estar vivos físicamente y muertos espiritualmente. Ellos eligieron separarse de Dios a través de su pecado. Nosotros también hemos elegido pecar, y no nos recuperaremos a menos que asumamos la responsabilidad de nuestras acciones y actitudes.

Dios ha hecho todo lo que tiene que hacer para que tengamos vidas victoriosas en Cristo. Es igual de incorrecto decir: «¡La vida cristiana es imposible!» Cuando los que dicen esto fallan, proclaman: «¡Somos seres humanos!» Creen la mentira que el alcance del evangelio no es suficiente para incluir la esclavitud sexual. Tal pensamiento expresa un sistema defectuoso de creencia. Somos salvos no por cómo nos *comportamos*, sino por cómo *creemos*. Esto es una paradoja y piedra de tropiezo para la mente natural. Pero para el cristiano que conoce la Biblia, es la base de nuestra libertad y conquista: nuestra unión con Dios y nuestro andar por fe.

No hay mayor pecado que el de la incredulidad. En más de una ocasión el Señor hizo declaraciones como: «Conforme a vuestra fe os sea hecho» (Mateo 9:29). Pablo escribió: «Todo lo que no proviene de fe, es pecado» (Romanos 14:23). Si escogemos creer una mentira, viviremos una mentira, pero si escogemos creer la verdad, viviremos una vida victoriosa por medio de la fe, es decir, de la misma manera que el Señor nos salvó.

La muerte ya no se enseñorea de usted

«Y si morimos con Cristo, creemos que también viviremos con él; sabiendo que Cristo, habiendo resucitado de los muertos, ya no muere; la muerte no se enseñorea más de él» (Romanos 6:8-9). ¿Tiene la muerte dominio sobre algún cristiano? ¡Absolutamente no! ¿Por qué? Porque la muerte no pudo enseñorearse de Cristo, y usted está vivo en Él. «Sorbida es la muerte en victoria ¿Dónde está, oh muerte, tu aguijón? ¿Dónde, oh sepulcro, tu victoria? ya que el aguijón de la muerte es el pecado, y el poder del pecado, la ley. Mas gracias sean dadas a Dios, que nos da la victoria por medio de nuestro Señor Jesucristo» (1 Corintios 15:54-57).

Puesto que Cristo ha triunfado sobre la muerte por medio de su resurrección, la muerte no se enseñorea de nosotros, los que estamos vivos espiritualmente en Cristo Jesús. Jesús dijo: «Yo soy la resurrección y la vida. El que cree en mí, aunque esté muerto vivirá,; y todo aquel que vive y cree en mí, no morirá eternamente. ¿Crees esto?» (Juan 11:25-26). ¿Cree usted lo que dijo Jesús? Entonces conforme a su fe le sea hecho.

Una muerte de una vez por todas

Pablo continúa: «Porque en cuanto murió, al pecado murió una vez por todas; mas en cuanto vive, para Dios vive» (Romanos 6:10). Esto se logró cuando «al que no conoció pecado, [Dios] por nosotros lo hizo pecado, para que nosotros fuésemos hechos justicia de Dios en él» (2 Corintios 5:21). Cuando Jesús fue a la cruz, cuando le martillaron los clavos en sus manos y pies, el Padre estaba en el proceso de arrojar sobre Él todos los pecados del mundo. Pero cuando resucitó, no había pecados sobre Él. Quedaron en la tumba. Ahora que está sentado a la diestra del Padre, no hay pecados sobre Él. Jesús ha triunfado sobre el pecado y la muerte. Ya que usted está vivo en Él, también está muerto al pecado.

Muchos cristianos aceptan la verdad de que Cristo murió por los pecados que ya cometieron, pero ¿qué ocurre con los pecados que cometerán en el futuro? Cuando Cristo murió por todos sus pecados, ¿cuántos de ellos estaban en el futuro? ¡Todos! Esta no es una licencia para pecar, lo cual es la base de nuestras adicciones, pero una verdad maravillosa sobre la cual pararse uno ante las acusaciones de Satanás. Es la verdad que debemos saber para vivir libres en Cristo.

Un paso como respuesta

En Romanos 6:11, Pablo resume cómo hemos de responder a lo que Cristo ha logrado por nosotros por medio de su muerte y resurrección: «Así también vosotros consideraos muertos al pecado, pero vivos para Dios en Cristo Jesús, Señor nuestro». No morimos al pecado porque consideremos que es así. Nos consideramos muertos al pecado porque Dios dice que ya es así. Y si usted cree que el hecho de considerarse muerto lo hará morir al pecado, ise va a hacer mucho daño! No podemos hacernos morir al pecado; solo Dios lo puede hacer, y ya lo hizo. Pablo está diciendo que debemos seguir eligiendo creer por fe lo que Dios dice que es verdad, aunque nuestros sentimientos nos digan lo opuesto.

La palabra «consideraos» está en tiempo presente. En otras palabras, debemos creer de forma continua esta verdad y a diario afirmar que estamos muertos al pecado y vivos en Cristo. Esto es esencialmente lo mismo que permanecer en Cristo (Juan 15:1-8) y andar en el Espíritu (Gálatas 5:16). Cuando adoptemos una postura firme en la verdad de lo que Dios ha hecho y quiénes somos en Cristo, no nos engañarán fácilmente ni nos guiarán a seguir tras los deseos de la carne.

Vivimos bajo una ley superior

¿Ha desaparecido el pecado porque hemos muerto a él? No. ¿Ha disminuido su poder? No, aún es fuerte y atractivo. Pero cuando el pecado comienza a atraernos, tenemos el poder de decirle no debido a que nuestra relación con el pecado terminó cuando el Señor nos libró de la potestad de las tinieblas, y trasladó al reino de su amado Hijo (Colosenses 1:13). Pablo explica cómo esto es posible en Romanos 8:1-2: «Ahora, pues, ninguna condenación hay para los que están en Cristo Jesús, los que no andan conforme a la carne, sino conforme al Espíritu. Porque la ley del Espíritu de vida en Cristo Jesús me ha librado de la ley del pecado y de la muerte».

¿Todavía opera la ley del pecado y de la muerte? Sí, y por eso es que Pablo la llama una ley. Pero una ley mayor la superó: «La ley del

Espíritu de vida en Cristo Jesús». Es como volar. ¿Puede volar usted con su propio poder? No, porque la ley de la gravedad lo mantiene atado a la tierra. Pero sí *puede* volar en un avión, el cual tiene un poder mayor que el de la ley de la gravedad. Siempre que permanezca en el avión, puede volar. Ahora bien, si se tira del avión a seis mil metros de altura y trata de volar por su cuenta, caerá y morirá.

Como la gravedad, la ley del pecado y de la muerte aún está aquí, aún sigue operativa, aún es poderosa y aún está haciendo su apelación. Pero usted no tiene que someterse a ella. La ley del Espíritu de vida es una ley mayor. Siempre que viva por medio del Espíritu, no satisfará los deseos de la carne (Gálatas 5:16). Usted debe fortalecerse «en el Señor, y en el poder de su fuerza» (Efesios 6:10). En el momento en que piense que puede estar firme por su cuenta, en el momento en que deje de depender del Señor, va rumbo a una caída (Proverbios 16:18).

Toda tentación es un intento del diablo de lograr que vivamos independientemente de Dios. «Así que, el que piensa estar firme, mire que no caiga. No os ha sobrevenido ninguna tentación que no sea humana; pero fiel es Dios, que no os dejará ser tentados más de lo que podéis resistir, sino que dará también juntamente con la tentación la salida, para que podáis soportar» (1 Corintios 10:12-13). Cuando sucumbimos ante la tentación y nos engaña el padre de las mentiras, debemos con rapidez arrepentirnos de nuestro pecado, renunciar a las mentiras, volvernos a nuestro Padre amoroso —quien nos limpia— y reiniciar el camino de la fe.

Quizá usted ha luchado en espíritu de derrota contra el pecado sexual y la esclavitud, mientras ha tratado en vano de comprender qué debe hacer para ser libre. Espero que la verdad de Romanos 6:1-11 haya arrancado las puertas de la prisión en cuanto a su comprensión. No es lo que usted hace lo que lo hace libre, sino lo que Cristo ya ha hecho y lo que usted decide creer. Dios ha hecho todo lo que hay que hacer a través de la muerte y resurrección de Jesucristo. Su primer paso vital hacia la libertad es creerlo, apropiárselo y jugarse la vida a eso.

CAPÍTULO SEIS

Cómo evadir las trampas del pecado

*Es absolutamente cierto que si un hombre peca, su propio
pecado lo acosará, permanecerá en pos de él,
como un perro de caza, y nunca claudicará hasta que
lo encuentre y lo haga rendir cuentas.*

R.A. TORREY

COMO SUCEDE CON MUCHAS VÍCTIMAS, los recuerdos de
Melissa del abuso sexual que sufrió quedaron bloqueados por el
trauma que había experimentado. Sin embargo, la imagen negativa que tenía de sí misma y el comportamiento anormal en su niñez señalaban un problema profundo y oculto, como veremos en
su historia:

> De niña me sentí sumamente inadecuada e inacep-
> table. No me acercaba a nadie, especialmente a los
> muchachos, por temor a que descubrieran cuán terri-
> ble era. Todo el mundo parecía reaccionar hacia mí de
> una manera sexual. Cuando tenía seis o siete años, los
> hombres me susurraban lo que les gustaría hacerme
> cuando creciera. Una vez que crecí, sentía que las
> mujeres se sentían amenazadas, como si yo tuviese in-
> tenciones de quitarles a sus esposos. Este comporta-
> miento fortaleció mi creencia de que algo estaba mal

en mí y que todos lo veían. Había aceptado a Cristo siendo muy joven, pero estaba convencida de que Dios me había seleccionado para que me atormentaran y abusaran de mí.

A los nueve o diez años de edad comencé a experimentar con la masturbación. Y me volví bastante autodestructiva. Me cortaba la parte interior de las piernas y me ponía alcohol en las heridas para que me dolieran más. Me cortaba pedazos de piel de los nudillos solo para sentir el dolor que sabía que merecía. Ya adolescente, era tímida y les tenía miedo a los varones. No tenía muchos amigos. Cuando salía con chicos en citas románticas o me paralizaba después de besarnos un poco o me quedaba en blanco, y no podía recordar lo que había hecho ni cómo había llegado a casa. Me volví bulímica después de cumplir los catorce años.

Redediqué mi vida a Cristo a los quince años. Pero cuando terminé la secundaria y comencé la universidad, seguí comiendo bastante para luego vomitar una o dos veces al día. También me desvié, y tuve varias relaciones sexuales. Varios de esos muchachos con los que me acosté también eran cristianos. Quería sentirme amada y aceptada, así que les daba mi cuerpo. Pero cuando lo hacía, sentía que los muchachos me usaban y luego me desechaban. Con relaciones sexuales o sin ellas, los muchachos me rechazaban. Me sentía sucia y atrapada.

Cuando Melissa se casó con Dan, después de cumplir los 20 años, su intimidad sexual abrió una compuerta de memorias y pesadillas acerca de su borroso pasado. Soñaba que su abuelo la violaba mientras su nuevo esposo observaba con placer. Poco a poco las memorias reprimidas de su horripilante pasado fueron saliendo a la superficie.

Recordó cómo su abuelo la había molestado sexualmente cuando tenía dos años. La obligó a aceptar y a realizar sexo oral y otras atrocidades por el estilo siendo una niñita. Cuando comenzó a herirse, se despertaba con frecuencia a medianoche con fuertes dolores abdominales. Un doctor se dio cuenta de lo que estaba sucediendo y le dijo a la mamá de Melissa que estaban abusando de ella sexualmente. Su madre culpó al padrastro, al hermano y al tío, a cualquiera menos al abuelo, el verdadero culpable. Melissa sintió que el doctor la había traicionado por revelar su «secreto». Nunca se le había ocurrido decirle a nadie cómo su abuelo la «amaba», aunque intuía que era incorrecto. Estaba confundida. Amaba a su abuelo, pero también le pedía a Dios que lo matara para que se acabaran los abusos. Cuando este murió, antes de que Melissa fuera una adolescente, se sintió culpable y estuvo de luto bastante tiempo. Pero las heridas internas que le había causado continuaron atormentándola durante años.

La salida de la trampa

El abuso sexual nos devasta en todo lo que somos. Distorsiona nuestra manera de ver el mundo y nuestro concepto de Dios y de nosotros mismos. Los estudios muestran que casi la mitad de las niñas experimentan algún tipo de abuso sexual antes de llegar a los catorce años.[5] Además, los perpetradores de ochenta y cinco o noventa y cuatro por ciento de las violaciones son parientes, amigos de la familia, vecinos o personas conocidas de la víctima, no personas desconocidas.[6] Las víctimas van a Cristo, oyen la verdad, pero parecen no poder apropiarse de ella. Tanto la víctima como el abusador están atrapados en el ciclo de «pecar-confesar-pecar-confesar-y-volver-a-pecar». En la mayoría de los casos no han lidiado con la trampa del pecado.

En el capítulo anterior estudiamos Romanos 6:1-11 y aprendimos lo que Cristo ya hizo por nosotros, pero también tenemos una responsabilidad, y Pablo habla de eso en Romanos 6:12-13. Pero cuidado: lo que Dios nos llama a hacer en los versículos 12 y 13 no servirá de nada si usted no cree lo que Pablo enseña en los versículos 1 al 11. *La verdad nos liberta* de todas las ataduras, incluso de las sexuales, y *creer la verdad* precede al comportamiento responsable.

Entréguese como una ofrenda

Basándose en su previa enseñanza en Romanos 6, Pablo le da una asignación específica a todos los creyentes: «No reine, pues, el pecado en vuestro cuerpo mortal, de modo que lo obedezcáis en sus concupiscencias» (v. 12). Según este versículo, es nuestra responsabilidad no permitir que el pecado reine en nuestros cuerpos mortales. No podemos decir: «El diablo me obligó a hacerlo», ni que otra persona nos indujo. Dios nunca nos ordena hacer algo que no podemos hacer, y el diablo no puede impedir que lo hagamos. En Cristo, usted ha muerto al pecado, y el diablo no puede *obligarle* a hacer nada. Lo tentará, acusará y tratará de engañarlo, pero si el pecado reina en su cuerpo, es porque *usted* lo permitió. Usted es responsable de sus actitudes y acciones.

¿Cómo podemos impedir que el pecado reine en nuestro cuerpo? Pablo responde a esto en el versículo 13: «Ni tampoco presentéis vuestros miembros al pecado como instrumentos de iniquidad, sino presentaos vosotros mismos a Dios como vivos de entre los muertos, y vuestros miembros a Dios como instrumentos de justicia». Note que hay solo una acción negativa que evitar y dos acciones positivas que practicar.

No ponga los miembros de su cuerpo a disposición del pecado. No hemos de usar los ojos, las manos, los pies ni ninguna otra parte de nuestro cuerpo de manera que sirva al pecado. Cuando ve un programa en la televisión que es sexualmente explícito y lo hace de forma lujuriosa, está ofreciendo su cuerpo al pecado. Cuando empieza a toquetearse con alguien del sexo opuesto, está ofreciendo su cuerpo al pecado. Cuando fantasea sexualmente con alguien que no es su cónyuge, está ofreciendo su cuerpo al pecado. Cuando ofrece partes de su cuerpo al pecado, lo invita a reinar en su cuerpo físico. «¿De dónde vienen las guerras y los pleitos entre vosotros? ¿No es de vuestras pasiones, las cuales combaten en vuestros miembros?» (Santiago 4:1).

«Presentaos vosotros mismos ... y vuestros miembros a Dios. Note que Pablo hace una distinción entre «vosotros» y «vuestros miembros». ¿Cuál es la distinción? «Vosotros» se refiere a lo que

usted es por dentro, el ser inmaterial o persona interior que se renueva de día en día (2 Corintios 4:16). Nuestros cuerpos y sus varios miembros se refieren a lo que somos por fuera, nuestra parte mortal y temporal. Algún día vamos a descartar nuestros viejos «vestidos terrenales». En ese momento estaremos ausentes del cuerpo mortal y presentes al Señor en cuerpos inmortales (2 Corintios 5:8). Siempre que estemos en el planeta Tierra, nuestro hombre interior estará unido con nuestro cuerpo exterior. Debemos ofrecer a Dios el paquete completo: cuerpo, alma y espíritu.

Pablo escribió: «Se siembra en corrupción, resucitará en incorrupción. Se siembra en deshonra, resucitará en gloria; se siembra en debilidad, resucitará en poder. Se siembra cuerpo animal, resucitará cuerpo espiritual» (1 Corintios 15:42-44). Nuestro hombre interior vivirá para siempre con nuestro Padre celestial, pero no nuestro cuerpo. Pablo añade: «La carne y la sangre no pueden heredar el reino de Dios, ni la corrupción hereda la incorrupción» (v. 50). Lo que es mortal es corruptible.

¿Es malo nuestro cuerpo físico? No, es amoral o neutral. Entonces, ¿qué debemos hacer en cuanto a la disposición neutral de nuestros cuerpos? Se nos instruye que debemos presentarlos a Dios «como instrumentos de justicia». «Presentar» algo es ponerlo a la disposición de algo. Un instrumento puede ser cualquier cosa que el Señor nos ha encomendado, incluyendo nuestro cuerpo. Por ejemplo, su auto es un instrumento amoral y neutral. Usted puede usar su auto con propósitos buenos o malos, puede elegir usarlo para llevar a las personas a la iglesia o para vender drogas. De manera similar, su cuerpo se puede usar con propósitos buenos o malos, según lo que usted elija. Tiene oportunidades a diario de ofrecer sus ojos, sus manos, su cerebro o sus pies al pecado o a Dios. El Señor nos ordena ser buenos mayordomos de nuestros cuerpos y que los usemos solo como instrumentos de justicia. Después de todo, la elección es nuestra.

Su cuerpo, el templo de Dios

En 1 Corintios 6:13-20, Pablo ofrece un poco más de teología del cuerpo, especialmente en relación con la inmoralidad sexual:

Pero el cuerpo no es para la fornicación, sino para el Señor, y el Señor para el cuerpo. Y Dios, que levantó al Señor, también a nosotros nos levantará con su poder. ¿No sabéis que vuestros cuerpos son miembros de Cristo? ¿Quitaré, pues, los miembros de Cristo y los haré miembros de una ramera? De ningún modo. ¿O no sabéis que el que se une con una ramera, es un cuerpo con ella? Porque dice: Los dos serán una sola carne. Pero el que se une al Señor, un espíritu es con él.

Huid de la fornicación. Cualquier otro pecado que el hombre cometa, está fuera del cuerpo; mas el que fornica, contra su propio cuerpo peca. ¿O ignoráis que vuestro cuerpo es templo del Espíritu Santo, el cual está en vosotros, el cual tenéis de Dios, y que no sois vuestros? Porque habéis sido comprados por precio; glorificad, pues, a Dios en vuestro cuerpo y en vuestro espíritu, los cuales son de Dios.

Este pasaje enseña que tenemos más que una unión espiritual con Dios. Nuestros cuerpos son miembros del mismo Cristo. Romanos 8:11 declara: «Y si el Espíritu de aquel que levantó de los muertos a Jesús mora en vosotros, el que levantó de los muertos a Cristo Jesús vivificará también vuestros cuerpos mortales por su Espíritu que mora en vosotros». Nuestros cuerpos en realidad son el templo de Dios, porque su Espíritu mora en nosotros. Usar nuestros cuerpos para la inmoralidad sexual significa profanar el templo de Dios.

Nos es difícil comprender plenamente la afrenta moral que se siente en el cielo cuando un hijo de Dios usa ese templo como instrumento de iniquidad. Es aun peor cuando alguien profana el templo de otra persona a través de la violación o el incesto. Se compara a los hechos viles de Antíoco Epífanes en el siglo II antes de Cristo. Este impío rey sirio invadió Jerusalén, declaró ilegales las ceremonias mosaicas, levantó una estatua de Zeus en el Templo y sacrificó un cerdo —un animal que no es limpio— sobre el altar. ¿Puede usted imaginarse cómo el pueblo de Dios debe haberse sentido al ver su santuario profanado? ¿Alguna vez se ha sentido así, en cuanto a profanar el templo de Dios, su cuerpo?

Como cristiano, ¿no se ofende cuando las personas sugieren que Jesús tuvo relaciones sexuales íntimas con María Magdalena? Jesús era plenamente Dios, pero también era plenamente hombre. Sufrió la tentación de todas las formas en que la sufrimos nosotros, incluso sexualmente, pero nunca pecó. Su cuerpo terrenal no estaba hecho para la inmoralidad sexual, ni tampoco el nuestro. Si nuestros ojos se abrieran plenamente a la realidad del mundo espiritual y entendiéramos la violación que se siente en el cielo cuando pecamos contra nuestro cuerpo, obedeceríamos con más rapidez el mandamiento de huir de la inmoralidad sexual.

¿Puede pensar alguna forma de cometer un pecado sexual y no usar su cuerpo como instrumento de iniquidad? Yo no. Por lo tanto, cuando cometemos un pecado sexual, ¡permitimos que el pecado reine en nuestros cuerpos mortales! ¿Aún estamos unidos con el Señor? Sí, porque Él jamás nos desamparará ni nos dejará. No perdemos la salvación, pero ciertamente perdemos nuestra victoria diaria. Pablo nos urge: «Porque vosotros, hermanos, a libertad fuisteis llamados; solamente que no uséis la libertad como ocasión para la carne, sino servíos por amor los unos a los otros» (Gálatas 5:13).

Un vínculo inmoral

¿Qué pasa cuando un hijo de Dios —que está unido con el Señor y es un espíritu con Él— también «se une con una ramera» por medio de la inmoralidad sexual? La Biblia dice que llegan a ser un cuerpo. De alguna manera se vinculan. La vinculación es algo positivo en una relación sana, pero en una unión inmoral, solo conduce a la esclavitud.

¿Cuántas veces ha oído de una joven cristiana respetable que se mete con un hombre inmoral, tiene relaciones sexuales y luego continúa en una relación enfermiza con él por dos o tres años más? Puede ser que él la maltrate y que los amigos y familiares le digan: «Él no es para ti. ¡Deja a ese sinvergüenza!» Pero ella no les hace caso. ¿Por qué? Porque un vínculo espiritual y emocional se ha formado. Los dos son un cuerpo. Tales vínculos hay que quebrarlos en Cristo.

Este vínculo espiritual y emocional puede ocurrir como resultado del sexo oral. En una conferencia, un colega y yo aconsejamos a una pareja joven que estaba pasando por problemas matrimoniales. Aunque estaban mutuamente comprometidos, su relación sexual había sido aburrida y sin vida desde que se casaron. Tanto el esposo como la esposa habían estado involucrados románticamente con otras personas antes del matrimonio, pero sin tener relaciones sexuales.

Durante nuestra primera sesión, ambos confesaron por primera vez que todavía se sentían conectados emocionalmente con su «primer amor». Siguiendo nuestro consejo, renunciaron a las caricias y al envolvimiento romántico con sus compañeros previos y entregaron otra vez sus vidas y cuerpos al Señor. Se comprometieron, además, a reservar el uso sexual de sus cuerpos solamente para ellos dos. El día siguiente me contaron que tuvieron un gozoso encuentro íntimo esa noche, por primera vez desde que se casaron. Como se habían quebrado los vínculos sexuales y emocionales anteriores, eran libres ahora para disfrutarse mutuamente según el plan de Dios.

En Pasos Hacia la Libertad en Cristo animamos a las personas a las que aconsejamos a que oren y le pidan al Señor que les revele cada vez que han usado sexualmente su cuerpo como instrumento de iniquidad, y Dios lo hace. Entonces en cuanto a cada uno que Dios trae a su mente, oran: «Renuncio ese uso de mi cuerpo con (el nombre de la persona), y te pido que rompas ese vínculo sexual». Si ha habido una atadura emocional, oran: «Rompo ese vínculo sexual y emocional». Luego los urgimos a entregar su cuerpo a Dios como un sacrificio vivo y les pedimos que oren para que Dios los llene de su Espíritu Santo. Por último, los exhortamos a perdonar a todos los que los han ofendido. Perdonan a otros por su propio bien, ya que nada los mantendrá más atados al pasado que la falta de perdón. Perdonar es dejar libre a un cautivo y luego darse cuenta que usted era el cautivo.

Mencioné antes que en el caso de la violación y el incesto, el templo de otra persona también se profanó, aunque ellos son inocentes. «¡No es justo!», dirá usted. Claro que no es justo, es una violación del templo de esa persona. Fue una víctima, pero no tiene que permanecer así. Puede renunciar a ese uso de su cuerpo y dárselo a Dios como un sacrificio vivo. La libertad plena llega cuando se ha perdonado al abusador y se ha permitido que Dios sea el vengador.

Un pastor local me pidió que aconsejara a una jovencita que oía voces dentro de su cabeza. Le eran tan audibles que no podía entender cómo era que nosotros no las oíamos. Había vivido con un hombre que abusaba de ella. Él era un vendedor de drogas. Ahora ella vivía en su propio hogar, pero todavía estaba vinculada con él. Primero le pregunté qué haría si le pidiéramos que se comprometiera a no volver a verlo jamás. Su respuesta fue: «Es probable que me levante y me vaya». Yo sospechaba que así iba a ser, pero quería que el pastor la oyera. Lograr que ella se comprometiera a esto era una meta legítima, pero este todavía no era el momento oportuno para ello.

Después de oír su historia, le pregunté si quería resolver sus conflictos y hallar su libertad en Cristo. Ella asintió de todo corazón, y entonces la llevé a través de los Pasos. Cuando terminamos, no había más voces demoníacas en su cabeza y parecía tener una paz total. Finalmente dijo: «Jamás voy a volver a ver a ese hombre». Esa convicción la había recibido de Dios, pero no había llegado hasta que se arrepintió por completo. Tratar de lograr que otras personas, por ejemplo nuestros hijos, hagan cambios de comportamiento sin una convicción interna, no dará resultado.

Cómo ofrecerse a Dios

Cosas maravillosas suceden cuando determinamos ofrecer nuestros cuerpos a Dios como instrumentos de justicia en lugar de ofrecer nuestro cuerpo al pecado. El sistema de sacrificios de la Biblia nos es una ilustración hermosa.

La ofrenda por el pecado en el Antiguo Testamento era una ofrenda de sangre. La sangre se drenaba del animal sacrificado, y el cadáver se llevaba fuera del campamento y se descartaba. Solo la sangre se ofrecía a Dios por el perdón de pecados. Hebreos 9:22 declara: «Sin derramamiento de sangre no se hace remisión».

En la cruz, el Señor Jesucristo se hizo nuestra ofrenda por el pecado. Después de derramar su sangre por nosotros, bajaron su cuerpo y lo sepultaron fuera de la ciudad, pero a diferencia del cordero inmolado del Antiguo Testamento, el Cordero de Dios no quedó sepultado por mucho tiempo.

La otra ofrenda principal en el Antiguo Testamento era el holocausto. A diferencia de la ofrenda por el pecado, el holocausto se consumía completamente sobre el altar —sangre, cuerpo, todo—. En el idioma hebreo, *holocausto* significa literalmente «algo que asciende». En los holocaustos, todo el animal sacrificado ascendía a Dios en llamas y humo desde el altar. Era «de olor grato para Jehová» (Levítico 1:9).

Jesús es la ofrenda por el pecado, pero ¿quién es el holocausto? ¡Nosotros! Pablo escribe: «Así que, hermanos, os ruego por las misericordias de Dios que presentéis vuestros cuerpos en sacrificio vivo, santo, agradable a Dios, que es vuestro culto racional» (Romanos 12:1). Es maravilloso saber que el Señor perdona nuestros pecados; Cristo hizo eso por nosotros cuando derramó su sangre. Pero si usted quiere vivir victoriosamente en Cristo por encima del pecado que lo plaga, debe presentarse a Dios y presentar su cuerpo como un instrumento de justicia. Tal sacrificio es «agradable a Dios» como el aroma del holocausto lo era en el Antiguo Testamento.

Para ilustrar esto, consideremos el avivamiento espiritual bajo el rey Ezequías, que se relata en 2 Crónicas 29. Primero, Ezequías limpió el Templo y lo preparó para la adoración purificándolo. Este es un cuadro del arrepentimiento. Bajo el Nuevo Pacto, los creyentes son el templo de Dios. Segundo, el rey consagró a los sacerdotes. Bajo el Nuevo Pacto, cada hijo de Dios es parte del sacerdocio de creyentes. Esto también va en forma paralela con las instrucciones de Pablo de presentarnos a Dios. Tercero, Ezequías ordenó la ofrenda de sangre para el perdón de los pecados. Nada visible ocurrió durante la ofrenda de sangre, pero según la ley de Dios, se perdonaron los pecados del pueblo. Luego «mandó

Ezequías sacrificar el holocausto en el altar; y cuando comenzó el holocausto, comenzó también el cántico de Jehová ... todo esto duró hasta consumirse el holocausto» (vv. 27-28). El holocausto era un evento tan significativo y adorador que el Templo estaba rodeado de música. El relato termina diciendo: «Y tanto Ezequías como todo el pueblo se alegraron de lo que Dios había hecho por el pueblo» (v. 36, DHH). Se produce un gran gozo cuando los creyentes en obediencia y de todo corazón se presentan ellos mismos y sus cuerpos a Dios.

No es suficiente que se nos perdonen nuestros pecados. Debemos llenarnos del Espíritu de Dios. Note lo que pasa cuando nos llenamos, según Efesios 5:18-20:

> No os embriaguéis con vino, en lo cual hay disolución; antes bien sed llenos del Espíritu, hablando entre vosotros con salmos, con himnos y cánticos espirituales, cantando y alabando al Señor en vuestros corazones; dando siempre gracias por todo al Dios y Padre, en el nombre de nuestro Señor Jesucristo.

Tal como en el Antiguo Testamento, el templo se llena de música cuando nos rendimos a Dios.

Ganaremos la lucha contra el pecado

La música que suena dentro de los cristianos con ataduras sexuales es más como un canto fúnebre que una canción de gozo. Se sienten derrotados en lugar de victoriosos. Han ofrecido sus cuerpos como instrumentos de pecado sexual y se sienten atrapados sin esperanza en la esclavitud sexual. Puede ser que experimenten períodos ocasionales de alivio y también el éxito en decirle no a la tentación, pero el pecado está reinando en sus cuerpos mortales, y no parecen lograr salir del ciclo de pecar, confesar, y volver a pecar. Quizá usted se encuentra en esta situación desalentadora.

Pablo describe esta lucha en Romanos 7:15-25. La conversación a continuación se basa en muchas sesiones de consejería que he tenido con cristianos que luchan con la tentación, el pecado y la esclavitud sexual. Posiblemente se identifique con Dan mientras yo lo guío a él a través de las enseñanzas de Pablo. Confío en que usted también se identificará con la verdad libertadora de la Palabra de Dios. [7]

Dan: Neil, no puedo seguir así. He sido sexualmente promiscuo en el pasado, y de verdad lo lamento. Se lo he confesado al Señor, pero no logro obtener victoria en esto. Me comprometo a evitar la pornografía, pero la tentación es tan abrumadora que cedo. ¡No quiero vivir así! Está arruinando mi matrimonio.

Neil: Dan, veamos este pasaje de las Escrituras que parece describir lo que usted está experimentando. Romanos 7:15 dice: «Porque lo que hago, no lo entiendo; pues no hago lo que quiero, sino lo que aborrezco, eso hago». ¿Diría que esa es una buena descripción de su vida?

Dan: ¡Exactamente! Realmente quiero hacer lo que Dios dice que es correcto, y aborrezco ser esclavo de esta lujuria. A veces, por la noche, llamo a uno de esos números telefónicos pornográficos o enciendo la computadora y entro en la Internet. Después me siento muy disgustado conmigo mismo.

Neil: Me parece que se identificaría también con el versículo 16: «Y si lo que no quiero, esto hago, apruebo que la ley es buena». Dan, ¿a cuántas personas se mencionan en este versículo?

Dan: Solo hay una persona, y claramente soy *yo.*

Neil: Puede ser desalentador saber lo que queremos hacer y por alguna razón no poder hacerlo. ¿Ha tratado de resolver este conflicto?

Dan: A veces me pregunto si en realidad soy cristiano. Ser cristiano parece ayudar a otros pero a mí no. A veces dudo que la vida cristiana sea posible y que Dios en realidad está presente.

Neil: No está solo, Dan. Muchos cristianos creen que son distintos a los demás, y la mayoría cree que son los únicos que luchan con las tentaciones sexuales. Si usted fuera el único combatiente en esta batalla, es razonable que cuestione su salvación o la existencia de Dios. Pero mire el versículo 17: «De manera que ya no soy yo quien hace aquello, sino el pecado que mora en mí». ¿Cuántos combatientes hay ahora?

Dan: Aparentemente dos, «yo» y «el pecado». Pero no entiendo. ¿*Yo* y *el pecado* no se refieren a lo mismo?

Neil: A veces nosotros *sentimos* que somos pecado pero *nosotros* no somos pecado. La Biblia enseña que si decimos que no tenemos pecado, nos engañamos a nosotros mismos (1 Juan 1:8). Ahora leamos el versículo 18 en la NVI para ver si podemos hallarle el sentido a esto: «Yo sé que en mí, es decir, en mi naturaleza pecaminosa, nada bueno habita. Aunque deseo hacer lo bueno, no soy capaz de hacerlo».

Dan: Aprendí ese versículo hace mucho tiempo. Me ha sido fácil llegar a la conclusión de que no soy nada bueno para mí ni para mi esposa. A veces creo que sería mejor si yo no estuviera aquí.

Neil: Eso no es cierto, porque eso no es lo que dice el versículo. Es más, dice lo opuesto. Ese «nada bueno» que habita en usted no es *usted*. Es otra cosa. Si yo tuviera una astilla en el dedo, no sería «nada bueno». Pero ese «nada bueno» no soy yo, es una astilla. Es importante notar que lo «nada bueno» ni siquiera es mi carne. Es muy importante, más bien está operando *en* mi carne («naturaleza pecaminosa»). Si solo nos vemos a nosotros en esta lucha, nos parecerá imposible vivir píamente. Este pasaje está haciendo todo lo posible para decirnos que hay otra persona involucrada en nuestra lucha, cuya naturaleza es mala y no es la nuestra.

Observe, Dan, que usted y yo nacimos bajo la penalidad del pecado. Y sabemos que Satanás y sus emisarios siempre procuran mantenernos bajo esa penalidad. Cuando Dios nos salvó, Satanás perdió esa batalla, pero no encogió su cola ni retrajo sus colmillos. Ahora está dedicado a mantenernos bajo el poder del pecado. Pero en Cristo hemos muerto al pecado y ya no estamos bajo su poder.

En 1 Juan 2:12-14, el apóstol Juan escribe a sus hijitos porque se les han perdonado sus pecados. En otras palabras, han superado la penalidad del pecado. Escribe a los jóvenes porque han vencido al maligno. En otras palabras, han superado el poder del pecado. Nosotros tenemos autoridad en Cristo para experimentar la victoria sobre la penalidad y el poder del pecado, a pesar de las mentiras en sentido contrario de Satanás. Romanos 7 también dice que este mal va a actuar por medio de la carne, la cual permanece con nosotros después de nuestra salvación. Es nuestra responsabilidad crucificar la carne y resistir al diablo.

Continuemos con el pasaje para ver si podemos aprender más sobre cómo se está librando la batalla. Los versículos 19-21 declaran: «Porque no hago el bien que quiero, sino el mal que no quiero, eso hago. Y si hago lo que no quiero, ya no lo hago yo, sino el pecado que mora en mí. Así que, queriendo yo hacer el bien, hallo esta ley: que el mal está en mí».

Dan, ¿puede identificar en estos versículos la naturaleza de lo «nada bueno» que habita en usted?

Dan: Claro, es evidentemente el mal y el pecado. ¿Pero no es solo mi pecado? Cuando peco, me siento culpable.

Neil: Sin duda usted y yo pecamos, pero no somos «pecado» como tal. El mal está en nosotros, pero Pablo no nos está llamando malos. Es más, está haciendo una distinción clara entre *nosotros* y el pecado que mora *en* nosotros. Esto no excusa el pecado, porque Pablo escribe en Romanos 6:12 que tenemos la responsabilidad de no permitir que el pecado reine en nuestros cuerpos mortales.

Dan, permítame darle otro ejemplo de este pasaje. Considere a las mujeres que luchan con trastornos alimentarios. Muchas de ellas se hieren, se obligan a defecar, se hartan y luego vomitan. Lo hacen porque las han engañado hasta el punto que creen que hay maldad presente en ellas, y tratan de sacarla. Pero herirse o defecar o vomitar no expulsará este tipo de mal. Las mentiras que han creído quedan expuestas cuando renuncian a defecar o a vomitar o a cortarse como una manera de limpiarse y confían solo en la obra de Cristo que puede limpiarlas. Cuando usted sintió convicción por su pecado sexual, ¿qué hizo?

Dan: Se lo confesé a Dios.

Neil: Dan, confesar significa literalmente «estar de acuerdo con Dios». Es lo mismo que andar en la luz, o vivir moralmente de acuerdo con Él en cuanto a nuestra condición presente. Debemos confesar nuestros pecados si vamos a vivir en armonía con nuestro Padre celestial, pero eso no es suficiente. Confesar es solo el primer paso hacia el arrepentimiento. El hombre del cual Pablo escribe está de acuerdo con Dios que lo que está haciendo está mal, pero eso no le resuelve el problema. Usted le ha confesado el problema a Dios, pero aún es esclavo de la lujuria. Debe ser muy frustrante para usted. ¿Alguna vez se ha sentido tan derrotado hasta el punto de atacar a otra persona o a usted mismo?

Dan: ¡Casi todos los días!

Neil: Pero cuando se calma un poco, ¿comienza de nuevo a meditar en quién es usted por cuanto es un hijo de Dios?

Dan: Siempre, y entonces me siento terriblemente mal por mi arranque de ira.

Neil: El versículo 22 explica por qué: «Porque según el hombre interior, me deleito en la ley de Dios». Cuando no actuamos conforme al carácter que es nuestro en realidad, el Espíritu Santo inmediatamente trae convicción debido a nuestra unión con Cristo. Por la frustración y el fracaso, pensamos o decimos cosas como «No voy a volver a la iglesia», «El cristianismo no me resulta», «Dios me hizo así, y ahora me siento condenado siempre», «Dios prometió darme una salida. Pues, ¿dónde está? ¡No la he encontrado!» Pero pronto nuestra naturaleza verdadera comienza a expresarse: «Sé que lo que estoy haciendo está mal, y sé que Dios me ama, pero estoy muy frustrado por mi continuo fracaso».

Dan: Alguien me dijo una vez que este pasaje está hablando de alguien que no es cristiano.

Neil: Yo sé que algunos lo entienden así, pero no tiene sentido. ¿Puede un hombre natural deleitarse en la ley de Dios según el hombre interior? ¿Puede uno que no es creyente estar de acuerdo con la ley de Dios y creer que es buena? ¡Creo que no! Es más, ellos hablan de forma bastante incisiva en su contra. Algunos hasta odian a los cristianos por vivir de acuerdo a códigos morales tan elevados.

Ahora miremos el versículo 23, que describe la naturaleza de esta batalla contra el pecado: «Pero veo otra ley en mis miembros, que se rebela contra la ley de mi mente, y que me lleva cautivo a la ley del pecado que está en mis miembros». Según este pasaje, Dan, ¿dónde se está librando la batalla?

Dan: La batalla parece estar en la mente.

Neil: Es precisamente ahí donde se libra la batalla. Ahora, si Satanás logra que usted piense que es el único que está en la batalla, y toma entonces una actitud negativa hacia usted mismo o hacia Dios cuando peca, es una actitud contraproducente en cuanto a resolver el problema. Permítame decirlo de esta manera: suponga que abre una puerta que le dijeron que no abriera, y al hacerlo un perro sale por esa puerta y le clava los dientes en una pierna, ¿a quién le daría golpes, a usted mismo o al perro?

Dan: Supongo que golpearía al perro.

Neil: Claro que sí. Al otro lado de la puerta, otro perro —Satanás— está tentándolo con pensamientos como: «Vamos, abre la puerta. Tengo un espectacular vídeo para enseñarte». «Todo el mundo lo hace. Puedes salirte con la tuya». Así que usted abre la puerta y el perro sale y le muerde la pierna. Tan pronto le abre la puerta ya siente el dolor de la convicción, y el tentador se convierte en el acusador. Golpea su mente con sus acusaciones. «Abriste la puerta. Eres una desgracia de cristiano. Seguro que Dios no puede amar a un pecador tan malo como tú».

Así que usted clama: «Dios, ¡perdóname!» Y Él lo hace, y en realidad, *ya* está perdonado. ¡Pero el perro sigue aferrado a su pierna! Está atrapado en el ciclo de pecar-confesar-pecar-confesar-pecar-confesar. Usted se golpea continuamente por sus repetidos fracasos.

Las personas con el tiempo llegan a cansarse de golpearse, así que se alejan de Dios bajo una nube de derrota y condenación. Pablo expresó esta sensación en el versículo 24: «¡Miserable de mí! ¿Quién me librará de este cuerpo de muerte?» No se llama malvado ni inmoral, sino miserable. Este hombre no está experimentando su libertad. Pero sus intentos de hacer lo

correcto se enfrentan con el fracaso moral porque se ha someti-
do a Dios pero no ha resistido al diablo (Santiago 4:7). No hay
nadie más miserable que el que sabe lo que es correcto y quiere
hacerlo... pero le resulta imposible.

Dan: Así soy yo: ¡miserable!

Neil: Un momento, Dan. Hay victoria. Jesús nos hará libres.
Mire el versículo 25: «Gracias doy a Dios, por Jesucristo Señor
nuestro. Así que, yo mismo con la mente sirvo a la ley de Dios,
mas con la carne a la ley del pecado». Volvamos a la ilustración
del perro. ¿Por qué no es suficiente clamar a Dios para resolver
este conflicto continuo con el pecado sexual?

Dan: Bueno, como usted dijo, el perro todavía está ahí. Me
imagino que tengo que espantar al perro.

Neil: También tendrá que cerrar la puerta. Eso significa deshacerse de toda su pornografía y eliminar cualquier provisión
futura, incluyendo la Internet. Si tiene una compañera sexual
que no sea su esposa, debe llamarla ahora mismo y decirle que
todo entre ustedes acabó.

Dan: Pero… le debo una explicación. Solo me veré con ella
una vez y basta.

Neil: Eso no sirve, Dan. Tiene que llamarla ahora mismo, en
mi presencia, y comprometerse a no verla ni contactarla nunca
más. Usted le debe una explicación a su esposa, a nadie más.

Dan: Bien, deme el teléfono.

———◦———

Neil: Ahora que ha terminado con esa relación, estos son los
pasos a dar.

Primero, entienda que el Señor ya lo perdonó. Cristo murió
una vez por todos sus pecados. Hizo bien al confesarle sus pecados a Dios, porque usted necesita aceptar el hecho de que abrió
la puerta cuando sabía que estaba mal.

Segundo, para estar seguro de que toda puerta está cerra-
da, necesita pedirle al Señor que le revele a su mente cada uso
sexual de su cuerpo como instrumento de iniquidad. A la vez

que el Señor se los traiga a la mente, renuncie a cada relación sexual que ha tenido con otra mujer, y pídale a Dios que rompa ese vínculo sexual y emocional. Su cuerpo pertenece a Dios y no se debe usar para la inmoralidad sexual.

Tercero, presente su cuerpo a Dios como un sacrificio vivo y reserve el uso sexual de su cuerpo solo para su esposa.

Por último, resista al diablo, y él huirá de usted.

Dan: Creo que estoy entendiendo. ¡Pero cada uso sexual de mi cuerpo! Eso tomará mucho tiempo. Aun si toma un par de horas, supongo que será más fácil que vivir en esclavitud por el resto de mi vida. Me he estado condenando por mi incapacidad de vivir la vida cristiana. También puedo ver ahora por qué he estado dudando de mi salvación. Pablo, aunque estaba frustrado por sus fracasos, no se volvió negativo en cuanto a sí mismo. Aceptó su responsabilidad. Pero más importante aun es que expresó confianza volviéndose a Dios, porque el Señor Jesucristo le posibilitaría vivir por encima del pecado.

Neil: Ahora va por buen camino. Condenarse no es necesario porque ya no hay condenación para los que están en Cristo Jesús (Romanos 8:1). No queremos ayudar al diablo en su rol de acusador. La mayoría de las personas que están en esclavitud dudan de su salvación. He aconsejado a cientos de personas que me confiesan sus dudas en cuanto a Dios y a ellos mismos. Irónicamente, el mismo hecho de que están asqueadas por su pecado y quieren salir de este es una de las mayores demostraciones de su salvación. Los que no son cristianos no tienen tales convicciones.

Hay una cosa más que usted debe saber: ningún pecado en particular, incluyendo el pecado sexual, está aislado del resto de su vida y del resto de la realidad. Para obtener una libertad completa, debe pasar por todos Los Pasos Hacia la Libertad en Cristo. También necesita entender la batalla que se está librando por su mente, y eso es lo que vamos a discutir a continuación.

CAPÍTULO SIETE

Cómo ganar la batalla por su mente

━━►╼╾◄━━

*Los pecados de la mente son
la última habitación del diablo.*

JAROL JOHNSON

SUPONGAMOS QUE HA TRABAJADO CASI toda su vida adulta
para el mismo jefe, un tirano irritable e irracional. En toda la compañía conocen sus hábitos: entrar de forma explosiva en las ofici-
nas de los empleados y agredirlos verbalmente aun por los errores
o discrepancias más mínimos. Usted aprende desde un principio
en su empleo a caminar en silencio alrededor del viejo gruñón y
eludirlo todo lo que pueda, pero cada vez que se asoma a la puerta
de su oficina se encoge de temor.

Un día llega al trabajo y descubre que han mudado a ese viejo
tirano a otra división. Usted ya no está bajo su autoridad, y su relación con él ha terminado. Su nuevo jefe es cortés, bondadoso,
considerado y motivador. Él tiene los mejores intereses para sus
empleados en mente. Pero al principio usted no sabe esto, así que
cuando ve a su nuevo jefe caminando por el pasillo hacia su persona comienza a buscar dónde esconderse, tal como lo hacía con el
anterior jefe. Cuando entra en su oficina, su corazón empieza a
latir con más rapidez. Se pregunta qué será lo que hizo esta vez
para que venga a cortarle la cabeza. Con el correr de los días

comienza a conocer mejor a su nuevo jefe, y su respuesta hacia él cambia. Pero llevará tiempo cambiar sus actitudes y acciones.

Los viejos hábitos son duros de cambiar. Mientras más estemos acondicionados a cierto patrón de estímulo y respuesta, más difícil será reprogramar nuestra mente. Esto es cierto en cuanto a los establecidos patrones mentales y hábitos sexuales que son contrarios a la Palabra de Dios. Para muchas personas, estos patrones de la carne, o fortalezas mentales, se han incrustado en sus mentes mucho antes de hacerse cristianos.

Es posible romper las fortalezas

¿Podemos romper esas fortalezas mentales de la esclavitud sexual? ¡Sí! Si nuestras mentes están mal programadas, se pueden reprogramar. Si nos hemos conformado a este siglo, podemos volver a transformarnos. Si aprendimos algo de una manera mala, podemos aprenderla de una manera correcta. ¿Tomará tiempo? Sí, nos llevará el resto de nuestra vida renovar nuestro entendimiento y desarrollar nuestro carácter. Nunca seremos perfectos en cuanto a nuestro entendimiento en esta tierra, ni tendremos un carácter perfecto como el de Cristo, pero esto es lo que buscamos.

Sin embargo, la madurez cristiana no puede lograrse plenamente a no ser que los cristianos estén bien arraigados en Cristo. Cuando las personas no experimentan su libertad en Cristo van de libro en libro, de pastor en pastor, de consejero en consejero, pero nada parece resolverse. Pero mire lo rápido que ellos pueden crecer cuando se han arrepentido genuinamente y han puesto su esperanza y confianza en Cristo.

Después de tener el privilegio de ayudar a una misionera a hallar su libertad en Cristo, ella me escribió:

> Estoy plenamente convencida del beneficio significativo de hallar nuestra libertad en Cristo. Estaba progresando un poco en la terapia, pero no hay comparación con los pasos que ahora puedo dar. Mi habilidad de «procesar» las cosas ha aumentado

muchas veces. No solo tengo un espíritu más sereno, ¡sino que también tengo mi cabeza más clara! Es más fácil conectar las cosas. Me parece que todo lo puedo entender con más facilidad ahora.

Cuando comenzamos a derribar fortalezas sexuales en nuestra mente, no solo nos estamos enfrentando al mundo, ese sistema impío en el que nos criamos. Y no solo nos enfrentamos a la carne, incluso esos preprogramados patrones de pensamiento que se habían quemado en nuestra mente a través del tiempo o por intensas experiencias traumáticas. Sino que nos estamos enfrentando al mundo, a la carne y al diablo. Las tres influencias están obrando para volver nuestras mentes de la verdad y establecernos en un camino hacia la esclavitud sexual.

Aún vivimos en un mundo caído. Nunca van a limpiar totalmente los programas de televisión. Los lugares de empleo quizá colocarán pornografía a la vista y las personas que nos rodean tomarán el nombre del Señor en vano. La influencia del mundo está alrededor nuestro. A la vez que Pablo se fue identificando más con Cristo y menos con el mundo, pudo decir: «Pero lejos esté de mí gloriarme, sino en la cruz de nuestro Señor Jesucristo, por quien el mundo me es crucificado a mí, y yo al mundo» (Gálatas 6:14). Debemos considerarnos muertos a un sistema mundial que está en oposición a la verdad de Dios y a la pureza sexual.

La carne también permanece con nosotros después de la salvación, pero a la vez que nos vamos vinculando a Cristo también crucificamos la carne. «Pero los que son de Cristo han crucificado la carne con sus pasiones y deseos. Si vivimos por el Espíritu, andemos también por el Espíritu» (Gálatas 5:24-25). Satanás aún reina sobre este mundo caído, pero nosotros estamos vivos en Cristo y muertos al pecado. Cuando resistimos al diablo, él huirá de nosotros (Santiago 4:7).

Un proceso de ajustes

En el capítulo 5 aprendimos de Romanos 6 que ya no estamos bajo la autoridad del pecado y Satanás porque nuestra relación con el pecado se ha cortado. Somos nuevas criaturas en Cristo (2 Corintios 5:17). Los viejos patrones y hábitos de la carne no se van de forma automática. Todavía están incrustados en nuestra mente después de la salvación. Los recuerdos traumáticos del abuso en la niñez quizá aún nos hagan retraer de dolor. Tenemos un nuevo jefe —Jesucristo—, pero por haber vivido bajo el dominio del pecado y de Satanás debemos ajustarnos a la libertad que nuestro nuevo amo nos ha provisto.

En Romanos 6, Pablo nos instruye a creer que nuestra relación con Dios nos ha hecho libres de nuestra relación con el pecado y Satanás (vv. 1-11). Entonces nos retó a presentar nuestros cuerpos a Dios como instrumentos de justicia (vv. 12-13; 12:1). Conocer y hacer esto posibilita la siguiente instrucción:

> No os conforméis a este siglo, sino transformaos por medio de la renovación de vuestro entendimiento, para que comprobéis cuál sea la buena voluntad de Dios (Romanos 12:2).

En resumen, aquí está lo que hemos aprendido hasta ahora acerca de cómo superar las fortalezas sexuales.

1. Tenemos que conocer y escoger creer en nuestra identidad y posición en Cristo, que estamos vivos en Cristo y muertos al pecado. Tenemos que conocer la verdad que nos hace libres. Esta es la base esencial para la vida cristiana, porque nadie puede vivir siempre de una manera que es incoherente con lo que cree acerca de sí mismo y Dios. Lo que hacemos no determina quiénes somos. Lo que somos y lo que creemos acerca de Dios y nosotros mismos determina lo que hacemos.

2. Tenemos que arrepentirnos de nuestros pecados. En cuanto a pecados sexuales, eso incluye renunciar cada uso sexual de nuestros cuerpos como instrumentos de iniquidad y presentarlos a Dios como instrumentos de justicia. El arrepentimiento genuino se realiza sometiéndose a Dios y resistiendo

al diablo, como vemos en Santiago 4:7. (En nuestro ministerio usamos Los Pasos Hacia la Libertad en Cristo para hacer esto.)

3. Tenemos que transformarnos por medio de la renovación de nuestro entendimiento.

Renovemos nuestro entendimiento

En el capítulo 4, observamos que todo lo que se programó en nuestra memoria antes de Cristo todavía está ahí después de la salvación. Nuestro cerebro grabó cada experiencia que hemos tenido, buena y mala. Nadie apretó un botón para borrarlas. La buena nueva es que tenemos todos los recursos —literalmente el evangelio— que necesitamos para renovar nuestro entendimiento. El Señor nos ha enviado su Espíritu Santo, que es el Espíritu de verdad (Juan 14:16-17), y Él nos guiará a toda la verdad (Juan 16:13). Porque estamos vivos en Cristo, «tenemos la mente de Cristo» (1 Corintios 2:16). Tenemos armas superiores para ganar la batalla por nuestra mente. Pablo escribió:

> Pues aunque andamos en la carne, no militamos según la carne; porque las armas de nuestra milicia no son carnales, sino poderosas en Dios para la destrucción de fortalezas, derribando argumentos y toda altivez que se levanta contra el conocimiento de Dios, y llevando cautivo todo pensamiento a la obediencia a Cristo (2 Corintios 10:3-5).

Pablo no está hablando de armas defensivas. Está hablando acerca de armas como el ariete, que derriban las fortalezas que se han levantado en nuestras mentes contra el conocimiento de Dios.

Practique el pensamiento de umbral

Pablo nos dice: «No os ha sobrevenido ninguna tentación que no sea humana; pero fiel es Dios, que no os dejará ser tentados más de lo que podéis resistir, sino que dará también juntamente con la tentación la salida, para que podáis soportar» (1 Corintios 10:13). Si vamos a tomar la «salida» que Dios nos da, tenemos que valernos de todos los recursos de Dios y cambiar la forma en que respondemos al umbral de cada pensamiento sexual tentador. Debemos llevar cautivos esos primeros pensamientos y hacerlos obedientes a Cristo. Si nos permitimos meditar en los pensamientos tentadores, finalmente no actuaremos según estos.

Por ejemplo, supongamos que un hombre está luchando con la lujuria. Una noche, su esposa le pide que vaya a la tienda a comprar leche. Cuando se sienta en el auto, se pregunta a qué tienda debe ir. Él conoce un minimercado que tiene un estante con revistas pornográficas. También puede comprar leche en un supermercado que no es peligroso, y que no vende obscenidades. Pero el recuerdo de las fotos seductoras a las que antes le ha echado el ojo en el minimercado produce un pensamiento tentador. Mientras más lo piensa, más difícil es resistirlo. Cuando sale de su casa, va directo al minimercado.

Ya ha perdido la batalla por la mente. El tentador lo está llamando: *Anda y dale un vistazo, tú sabes que quieres hacerlo. Todo el mundo lo hace. ¿Quién lo sabrá?*

Rumbo al minimercado, toda clase de pensamientos se le cruzan por la mente para racionalizar sus acciones. Ora: *Señor, si tú no quieres que mire pornografía, haz que mi pastor esté en la tienda comprando leche, o cierra la tienda antes de que yo llegue.*

Como la tienda está abierta (¿qué minimercado cierra temprano?), y como su pastor no está ahí, él mira. Nuestras mentes tienen una increíble tendencia a racionalizar, y por esto tenemos los pensamientos tentadores desde el momento en que nos encontramos con ellos.

Pero el placer ilícito del hombre no le dura mucho. Aun antes de irse de la tienda, la culpabilidad y la vergüenza lo abruman. El diablo ha cambiado su rol de tentador a acusador: *«Enfermo, ¿cómo puedes llamarte cristiano? ¡Eres patético!»* «¿Por qué lo hice?», se pregunta con un gemido. Lo hizo principalmente porque ignoró la salida que Dios puso a su disposición antes de salir de su casa. No tomó cautivo ese pensamiento inicial para hacerlo obediente a Cristo. Rara es la persona que puede volverse del pecado una vez que aceptó el primer pensamiento tentador.

Entienda cómo funcionamos

Para obtener una mejor comprensión de la tentación sexual y de las fortalezas mentales debemos conocer cómo nuestro cuerpo externo (material) se relaciona con nuestra alma o espíritu interno (inmaterial) (2 Corintios 4:16). El cerebro es parte de nuestro cuerpo físico. Nuestra mente es parte de nuestra alma. Hay una diferencia fundamental entre el cerebro y la mente. Cuando morimos físicamente, el alma se separa del cuerpo y el cerebro regresa al polvo. Estaremos presentes con el Señor y en nuestros cabales.

Lo material y lo inmaterial funcionan juntos, como se ilustra en el siguiente diagrama:

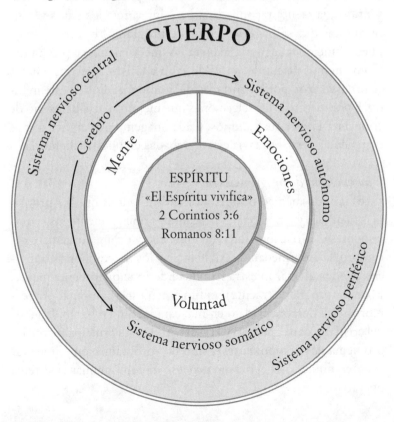

La correlación principal está entre la mente y el cerebro. Nuestro cerebro tiene una función muy parecida a una computadora digital. Las neuronas (células del cerebro) operan como pequeños interruptores que se encienden y se apagan. Cada neurona tiene varias entradas —llamadas dendritas— y solo una salida, la cual canaliza los neurotransmisores a las dendritas de otras neuronas. Millones de estas conexiones constituyen el «hardware» o los «componentes» de nuestro cerebro. Hay aproximadamente 40 tipos distintos de neurotransmisores, de los cuales la serotonina y la dopamina son los que más se conocen. Solo el cinco por ciento de nuestros neurotransmisores está en el cerebro, los demás se encuentran portando mensajes a través de todo el cuerpo.

Nuestra mente funciona de una manera muy parecida al programa operativo de una computadora. A la vez que nuestro cerebro recibe la entrada del mundo exterior por medio de los cinco sentidos, la mente recopila, analiza e interpreta los datos y elige respuestas que se basan en cómo se programó. El cerebro solo puede funcionar según la manera en que la mente se programó. Como hemos discutido, antes de venir a Cristo, nuestras mentes se programaron por las entradas del mundo, el dios de este mundo, y por medio de las selecciones que hicimos sin el beneficio de conocer a Dios y sus caminos. Cada imagen pornográfica y cada experiencia sexual todavía están grabadas en nuestra memoria.

Una cuestión de programación

El mundo médico occidental tiende a asumir que los problemas mentales y emocionales los causan principalmente los «componentes». No cabe duda de que el síndrome orgánico del cerebro, la enfermedad de Alzheimer y los desequilibrios químicos pueden afectar nuestra habilidad de funcionar mentalmente. El mejor programa (mente) no funcionará si la computadora (cerebro) está desconectada o en mal estado. Sin embargo, la lucha del cristiano con el pecado y la esclavitud no es principalmente un problema de «componentes», sino de «programación». Renovar el entendimiento es el mismo proceso de reprogramar el sistema operativo.

El cerebro y la médula espinal constituyen el sistema nervioso central, el cual se divide en un sistema nervioso periférico que se compone de dos canales: el somático y el autónomo. El sistema nervioso somático controla los movimientos musculares grandes y pequeños, sobre los cuales tenemos un control volitivo. Es por esto que podemos de una forma consciente y volitiva mover un brazo, una pierna o un dedo del pie. El sistema nervioso autónomo controla nuestras glándulas, sobre las cuales no tenemos ningún control volitivo. No le decimos a nuestro corazón que debe latir o a nuestras glándulas que deben secretar hormonas a nuestra corriente sanguínea. El sistema nervioso autónomo trabaja con nuestras emociones, sobre las cuales tampoco tenemos un control volitivo. Usted no se puede obligar a cambiar cómo se siente, pero sí puede cambiar cómo piensa, lo cual afecta cómo se siente.

Las glándulas sexuales son parte del sistema nervioso autónomo. Por ejemplo, las mujeres no tienen ningún control volitivo del ciclo menstrual y los hombres tampoco tienen ningún control volitivo de las erecciones que ocurren mientras duermen. Así es cómo Dios creó la operación de nuestro ser externo.

Si no tenemos control de nuestras glándulas sexuales, ¿cómo es que Dios puede esperar que tengamos dominio sexual propio? El dominio propio es fruto del Espíritu y una función del hombre interior. Nuestras glándulas sexuales no son la causa de la inmoralidad sexual, solo operan según la programación de la mente. El comportamiento sexual lo determina nuestra vida mental, y *sí* tenemos control sobre lo que pensamos. Si usted llena su mente de pornografía, pondrá su sistema nervioso autónomo a andar constantemente. Sus glándulas sexuales se activarán y es probable que se comporte de una manera que luego lamentará. Así como una computadora: si le introducimos basura, ¡le sacamos basura!

El poder de la estimulación visual

¿Se ha preguntado alguna vez por qué es tan difícil recordar algunas cosas y olvidar otras? En la escuela estudiamos toda la noche y luego oramos para que nuestra mente no descarte la información hasta que nos tomen el examen. Una mirada a una revista pornográfica, sin embargo, parece quedarse grabada en nuestra mente durante meses y quizá años. ¿Por qué? Cuando nos estimulan emocionalmente —lo cual incluye la estimulación por imágenes sexuales— se envía una señal a nuestras glándulas. Una hormona llamada epinefrina secreta en el flujo sanguíneo, la cual graba en nuestra memoria cualquier cosa que está presente al momento de la excitación emocional. La reacción nos hace recordar involuntariamente eventos cargados emocionalmente, tanto negativos como positivos. Es una lástima que no nos emocionemos más acerca de algunas de nuestras asignaturas en la escuela. ¡Las recordaríamos más!

Se ha dicho que ver pornografía explícita tres veces tendrá el mismo efecto duradero que una experiencia sexual literal. Una persona puede excitarse emocionalmente y estimularse sexualmente solo de tener pensamientos sexuales. Por eso es que una persona estimulada sexualmente, ya sea hombre o mujer, experimentará un arrebato emocional antes de que se haga algún contacto sexual. El hombre que fue al minimercado donde venden pornografía estaba estimulado sexualmente mucho antes de aun ver las revistas. El proceso comienza en nuestros pensamientos, que hacen disparar nuestro sistema nervioso autónomo, que como dijimos secreta epinefrina en nuestro flujo sanguíneo, la cual carga la imagen en nuestra memoria.

Las emociones son producto de nuestros pensamientos

Así como no podemos voluntariamente controlar nuestras glándulas, no podemos controlar de forma directa nuestras emociones. Si cree que usted puede, ¡trate de hacer que le guste ahora mismo alguien que no le cae bien! No podemos ordenar nuestras emociones de esa manera, ni hay instrucciones en la Biblia para que podamos hacerlo. Debemos reconocer nuestras emociones, sin embargo, porque no podemos estar bien con Dios ni somos sinceros en cuanto a lo que sentimos. Aunque no podemos obligarnos a sentirnos de cierta manera y solo podemos reconocer o negar cómo nos sentimos, sí tenemos control sobre cómo pensamos, y cómo pensamos controla cómo nos sentimos. La Biblia *sí* nos dice que controlemos nuestros pensamientos: «Hermanos, no seáis niños en el modo de pensar, sino sed niños en la malicia, pero maduros en el modo de pensar» (1 Corintios 14:20).

Este modo de razonar es la base para la terapia cognitiva. Las personas hacen lo que hacen y sienten lo que sienten debido a lo que han elegido pensar o creer. Por lo tanto, debemos tratar de cambiar lo que pensamos o creemos para cambiar nuestro comportamiento o nuestras emociones. Cuando se aplica desde una perspectiva cristiana, la terapia cognitiva es muy parecida al arrepentimiento, que literalmente significa «un cambio de mente».

Si lo que elegimos creer no refleja la verdad, entonces lo que sentimos no se conformará a la realidad. Permítame ilustrar esto. Supongamos que un hombre ha estado trabajando durante muchos años en una compañía que ahora está haciendo recortes de plantilla. Están despidiendo a las personas, pero él se cree seguro. Entonces un lunes por la mañana recibe una nota diciendo que su jefe lo quiere ver el viernes siguiente a las 10:30 a.m. Al principio piensa que no debe ser nada de qué preocuparse... pero es posible que se encuentre en un estado de negación. Entonces comienza a pensar que lo van a despedir y se enoja. *¿Cómo pueden despedirme? He sido un empleado fiel durante años. Voy a ver a mi jefe este miércoles y voy a renunciar.* Pero no hace esto porque su esposa lo amenaza con abandonarlo si toma una decisión tan necia.

Bueno, quizá no me van a despedir, razona. Ahora tiene un ánimo ambiguo y está ansioso. Para el jueves en la tarde está seguro de que lo van a despedir y está deprimido. *¿Cómo voy a pagar mis cuentas y la educación universitaria de Mary?* Para el viernes en la mañana está destrozado. Ha sentido ira, ansiedad y depresión debido a cómo se ha desarrollado su pensamiento, y ni uno de sus sentimientos se han conformado a la realidad... porque el jefe solo quería darle un aumento.

Los resultados de los pensamientos sexuales incorrectos

Parece que nuestra sociedad ignora lo que las impresiones sexuales y violentas hacen a nuestras mentes. Esto es ilustrado por el concepto de «solo para adultos». La frase implica que hay distintas normas de moralidad para los adultos y para los niños. Los programas de televisión anuncian: «El contenido del siguiente programa es apropiado para audiencias "maduras". El televidente está aconsejado a usar discreción». El contenido no es apropiado para nadie, y las personas maduras deben ser las primeras en saberlo. Los adultos deben ser lo suficientemente maduros como para no permitir que programen sus mentes con suciedad. En cuanto al mal, todos debemos ser como niños: solo debemos limitarnos al entretenimiento sano. Dios ya nos ha advertido en cuanto a la inmoralidad sexual en cualquier forma: «Huid» (1 Corintios 6:18).

Ya que no tenemos control sobre lo que sentimos, quite la siguiente línea de su repertorio, ya sea que la use para usted o para otros: «No debes sentirte así». Esa es una forma sutil de rechazo, porque no podemos cambiar cómo nos sentimos. Nuestros sentimientos son principalmente un producto de nuestra vida mental. Lo que creemos, lo que pensamos y cómo nos percibimos a nosotros mismos y al mundo a nuestro alrededor determina cómo nos sentimos. Lo siguiente refuerza este concepto.

Supongamos que usted está remando sobre una canoa por un hermoso río, disfrutando de la creación de Dios. Al llegar a una curva en el río, su serenidad se trastorna. Parada en la orilla del río está una persona del sexo opuesto. La persona se ve muy atractiva físicamente y lo invita a acercarse a la ribera. Hay una frazada en el banco, y su mente y emociones de repente se agitan con posibilidades tentadoras. Su corazón empieza a correr y las palmas de sus manos a sudar. *Qué oportunidad más incitante. Estamos solos aquí. Puedo hacer esto sin consecuencias negativas.*

Desobedeciendo sus convicciones, rema hacia la orilla con sus emociones en un nivel de 9 en una escala de 1 a 10.

Pero al acercarse a la ribera, ve angustia en lugar de seducción en el rostro de la persona, y nota pequeñas llagas, que revelan que quizá haya contraído el sida. De repente se da cuenta de que su impresión inicial de la persona estaba completamente equivocada, y sus emociones ahora bajan a 1, de estimulación sexual a repulsión, temor y por último compasión por una persona en necesidad. Usted tenía una percepción completamente errónea, pero sus sentimientos respondieron a lo que había querido creer. Es claro que la persona no lo estaba llamando a la ribera para un interludio romántico, sino que estaba pidiendo ayuda después de tener problemas debido a su mala salud. Entonces usted le confiesa a Dios sus malos pensamientos y deseos, y ayuda al necesitado.

Su primer pensamiento en cuanto a la persona estaba mal, por lo tanto, lo que sintió fue una distorsión de la realidad. Si lo que vemos o visualizamos es moralmente incorrecto, entonces a nuestras emociones las afecta el estímulo equivocado. Es por eso que el verdadero amor cristiano romántico se asocia con el amor y la confianza, pero la inmoralidad sexual con frecuencia está ligada con el temor y el peligro. En realidad es *eros*, o amor erótico, en vez de amor *ágape*. Si usted se quiere sentir bien, tiene que pensar bien.

Cuidado con los virus

La reprogramación de la mente es el camino a la madurez, pero debemos tener cuidado con los virus. Pablo escribe: «Pero el Espíritu dice claramente que en los postreros tiempos algunos apostatarán de la fe, escuchando a espíritus engañadores y a doctrinas de demonios» (1 Timoteo 4:1). He aconsejado a cientos de personas que luchan con sus pensamientos o literalmente oyen voces. En la mayoría de los casos, el problema raíz ha sido una batalla espiritual por sus mentes.

Si Satanás puede lograr que creamos una mentira, también puede controlar nuestras vidas. Él intenta destruir nuestra percepción correcta de Dios, de nosotros mismos, de los miembros del sexo opuesto —incluyendo a nuestros cónyuges— y del mundo en el que vivimos. Nuestros problemas no surgen solo de lo que hemos creído en el pasado. Pablo dice que debemos ahora y continuamente llevar cautivo todo pensamiento a la obediencia de Cristo (2 Corintios 10:5).

La falta de perdón

La palabra «pensamiento» en el versículo que acabamos de leer es traducción de la palabra griega *noema*. Observe el tema que Pablo está tratando cuando usa la palabra en otra parte de 2 Corintios: «Y al que vosotros perdonáis, yo también; porque también yo lo que he perdonado, si algo he perdonado, por vosotros lo he hecho en presencia de Cristo, para que Satanás no gane ventaja alguna sobre nosotros; pues no ignoramos sus maquinaciones [*noema*]» (2:10-11). Nada nos mantendrá más en esclavitud al pasado que la falta de perdón. El mismo Dios nos entregará a los «verdugos» si no perdonamos de corazón a los demás (Mateo 18:34), porque Él no quiere que el pasado nos encadene. Creo que el mayor acceso que Satanás tiene a la iglesia es nuestra indisposición a perdonar a los que nos han ofendido. Esto es ciertamente real en la vida de miles de personas con las que he tenido el privilegio de trabajar.

Si han abusado sexualmente de usted, es probable que haya luchado con pensamientos como: «No puedo perdonar a esa persona», «Odio a esa persona» o «No quiero perdonarlo. Quiero que sufra así como él me hizo sufrir a mí». Es probable que Satanás también lo esté atormentando. «Pero usted no sabe cuánto esa persona me ha herido», dice usted. Todavía lo están hiriendo.

El perdón, sin embargo, es el método por el cual nos libramos de los abusadores. Hemos de perdonar así como Cristo nos perdonó. Él lo hizo llevando sobre sí mismo las consecuencias de nuestro pecado. Cuando elegimos perdonar a los demás, estamos accediendo a vivir con las consecuencias de sus pecados. «¡Eso no es justo!», dice usted como una persona de la que abusaron. Es cierto, pero tendrá que vivir de todos modos con las consecuencias. La única opción verdadera es entre vivir en esclavitud a la amargura o en la libertad del perdón. Y entonces se pregunta: «¿Dónde está la justicia?» Está en la cruz. Jesús murió una vez por todos nuestros pecados. «¿Pero por qué debo dejar que el abusador se escape sin castigo?» Por eso es que perdonamos, para no seguir castigándonos junto con ellos. Pero ellos no han escapado del castigo de Dios. La venganza es de Él, y habrá un juicio final.

Las mentiras de Satanás

Miremos otro pasaje en 2 Corintios: «El dios de este siglo cegó el entendimiento de los incrédulos, para que no les resplandezca la luz del evangelio de la gloria de Cristo, el cual es la imagen de Dios» (4:4). El que levanta pensamientos contrarios al conocimiento de Dios se divierte mucho con los abusados sexualmente. En tono de burla les dice: «¿Y ahora dónde está tu Dios? Si Dios es amor, ¿por qué permite que sufran los inocentes? Si Dios es todopoderoso, ¿por qué no impidió que esa persona te violara?» Las mentiras de Satanás han cegado a muchas personas a la verdad.

Considere un versículo adicional: «Pero temo que como la serpiente con su astucia engañó a Eva, vuestros sentidos sean de alguna manera extraviados de la sincera fidelidad a Cristo» (2 Corintios 11:3). Estoy preocupado también porque veo a muchas personas viviendo en esclavitud a las mentiras de la serpiente, lo cual las aleja de la devoción a Cristo.

Satanás es el padre de las mentiras, y él obrará en nuestras mentes para destruir nuestro concepto de Dios y nuestra comprensión de quiénes somos como hijos de Dios. Las personas en esclavitud no saben quiénes son en Cristo. Ese es el denominador común en cada persona que yo he tenido el privilegio de ayudar a encontrar su libertad en Cristo. Satanás no puede hacer nada en cuanto a nuestra posición en Cristo, pero si puede lograr que creamos que no es verdad, viviremos como si no lo fuera.

Los blancos de Satanás

Satanás ataca las mentes de las personas heridas: las víctimas de matrimonios deshechos, los hijos de alcohólicos y los que sufrieron abuso sexual cuando niños. Estos son los candidatos principales para las mentiras de Satanás debido a que sus mentes ya se encuentran golpeadas por la duda en sí mismo, el temor, la ira y el odio por causa del abuso. Pero usted no tiene que ser la víctima de un hogar deshecho o de una niñez dolorosa para ser el blanco de las tentaciones, acusaciones y decepciones del enemigo.

Por ejemplo, supongamos que en un momento vulnerable una joven tiene un pensamiento tentador con otra mujer. Al principio ella no puede creer que pueda tentarse por el homosexualismo. Se siente avergonzada e inmediatamente huye de la situación tentadora. Pero decide no decírselo a nadie. ¿Quién entendería?

Luego, cuando sucede otra vez, comienza a preguntarse: *¿Por qué estaré pensando así? ¿Estaré mal? ¿Es que soy una de ellas?* Ahora que la puerta de la incertidumbre está abierta, comienza seriamente a poner en duda su sexualidad.

Si su mente sigue meditando alrededor de esos pensamientos, afectará cómo se siente. Así es como Dios nos diseñó. Si ella cree lo que siente y se comporta conforme a esto, usará su cuerpo como instrumento de maldad y el pecado reinará en su cuerpo mortal. Para resolver esto, debe renunciar al uso sexual con cualquier otra persona, renunciar a la mentira de que ella es homosexual y renovar su entendimiento con la verdad de la Palabra de Dios.

En cierta oportunidad, cuando me encontraba hablando en un campamento, una madre llamó y me preguntó si ella y su hijo de doce años podían pasar una hora conmigo. El esposo no podía venir, aunque quería. Era una familia muy apegada compuesta de tres miembros. El joven era un líder en la escuela y en la iglesia, pero un día pensamientos homosexuales lo habían sobrecogido. El niño tenía una relación tan buena con sus padres que se los contó. Esa era una situación muy poco usual, y era igual de raro que los padres supieran qué hacer en cuanto a ello. Habían reconocido de dónde venían esos pensamientos, entonces instruyeron al joven a no hacerles caso y a que siguiera afirmando la verdad, cosa que él hizo. Cuando nos reunimos, los pensamientos ya se habían disipado. Si no se lo hubiera dicho a sus padres, es probable que hubiera pensado que había algo muy mal en él, y con el tiempo hubiera actuado según sus impulsos, y toda la familia se hubiera hecho pedazos.

No dé por hecho que todos los pensamientos perturbadores vienen de Satanás. Vivimos en un mundo pecaminoso con permanentes imágenes y mensajes tentadores alrededor de nosotros. Usted tiene recuerdos de experiencias dañinas que incitan pensamientos contrarios al conocimiento de Dios. Que el pensamiento se introduzca en su mente a través de la televisión, de su memoria, del mismo infierno o de su propia imaginación, en cierto sentido no importa, porque estamos instruidos a llevar cautivo *todo* pensamiento a la obediencia de Cristo. Si no es verdad, no lo piense ni lo crea.

Uno puede tratar de analizar la fuente de cada pensamiento, pero no resolverá el problema. Por la parálisis del análisis una parte demasiado grande del movimiento de recuperación está afectada, y aun un análisis perfecto del problema no produce alivio. La respuesta es una relación personal con Cristo. Su verdad nos hará libres si la creemos. Experimentaremos esta libertad y su presencia si nos arrepentimos.

Limpiemos la mente eligiendo la verdad

Si usted lidia con pensamientos tentadores tratando de reprender cada pensamiento negativo, no tendrá buenos resultados. Será como la persona que en medio de un lago está tratando de mantenerse a flote a la vez que trata de mantener doce corchos sumergidos. Cuando sumerge uno, otro emerge. Debe olvidarse de los estúpidos corchos y nadar hacia la orilla. Como creyentes, el Señor nos llama a no dispersar las tinieblas, sino a encender la luz. Superamos los pensamientos negativos escogiendo la verdad. «Por lo demás, hermanos, todo lo que es verdadero, todo lo honesto, todo lo justo, todo lo puro, todo lo amable, todo lo que es de buen nombre; si hay virtud alguna, si algo digno de alabanza, en esto pensad» (Filipenses 4:8).

El siguiente versículo dice que también debemos practicarlo. Debemos hablar la verdad en amor. Debemos hacer lo que es honesto, justo, puro, amable y de buen nombre. Los que solo oyen la Palabra y no la ponen en práctica se engañan, según Santiago 1:22. Podemos hacer estas cosas si nos hemos arrepentido genuinamente sometiéndonos a Dios y resistiendo al diablo. Los que están experimentando su libertad en Cristo pueden procesar la verdad nueva y crecer en Él. Los que no se han arrepentido plenamente se pasan el tiempo tratando de sumergir corchos. Apenas están sobreviviendo, a la vez que se mantienen a flote en el pozo negro de la vida.

Pablo quiso darle a la iglesia de Corinto comida sólida, pero no pudo porque ellos no podían recibirla (1 Corintios 3:2). Así que solo les dio leche. No podían recibir la comida sólida debido a los celos y a las contiendas entre ellos (versículo 3). Si no hubiera forma de resolver los conflictos personales que las personas tienen, entonces no habría manera de que ellas crecieran. Las buenas noticias son que podemos resolver nuestros problemas personales y conflictos espirituales por medio del arrepentimiento genuino y la fe en Dios.

Cuando era un cristiano joven, decidí limpiar mi mente. Tuve una buena crianza, por la que estoy agradecido, y me había hecho cristiano cuando apenas tenía veinte años. Después de cuatro años en la Marina, sin embargo, mi mente estaba contaminada con mucha basura. Había visto suficiente pornografía a bordo de la nave como para que me plagara durante años. Las imágenes danzaban durante meses en mi mente después de una sola mirada. Odiaba eso. Luchaba cada vez que iba a un lugar donde había pornografía disponible.

Cuando decidí limpiar mi mente, ¿cree usted que la batalla fue fácil o difícil? Fue difícil, por supuesto. La tentación no es casi una batalla cuando nos rendimos fácilmente. Es cruel cuando uno decide afrontarla. Finalmente obtuve la victoria. La siguiente ilustración quizá lo ayude, ahora que comienza a librar su mente de años de pensamientos impuros.

Piense que su mente contaminada es como una cazuela llena hasta el tope de un café negro y rancio. Es oscuro y produce hedor. No hay manera de sacar la polución del café del líquido. Sin embargo, al lado de la cafetera hay una vasija llena de hielo cristalino, el cual representa la Palabra de Dios. Su meta es purificar el contenido de la cafetera añadiéndole cubos de hielo cada día. Ojalá hubiera una manera de echarle todos los cubos (las palabras de la Biblia) de una vez, pero no la hay. Pero cada cubo diluye la mezcla, y la purifica un poco. Solo puede poner uno o dos cubos al día, así que el proceso parece fútil al principio. Pero con el tiempo, el agua empieza a verse menos y menos contaminada, y el sabor y olor del café disminuye. El proceso continúa dando resultado a condición de que no le añada más residuos del café. Si usted lee su Biblia y luego mira pornografía, está, como mucho, manteniéndose a flote.

Pablo escribe: «Y la paz de Dios gobierne en vuestros corazones, a la que asimismo fuisteis llamados en un solo cuerpo; y sed agradecidos» (Colosenses 3:15). ¿Cómo nos deshacemos de los malos pensamientos, purificamos nuestra mente y permitimos que la paz de Cristo reine? La respuesta está en Colosenses 3:16: «La palabra de Cristo more en abundancia en vosotros, enseñándoos y exhortándoos unos a otros en toda sabiduría, cantando con gracia en vuestros corazones al Señor con salmos e himnos y cánticos espirituales». El salmista da instrucciones parecidas: «¿Con qué limpiará el joven su camino? Con guardar tu palabra. Con todo mi corazón te he buscado; no me dejes desviarme de tus mandamientos. En mi corazón he guardado tus dichos, para no pecar contra ti» (Salmo 119:9-11). Solo tratar de dejar de tener pensamientos malos no basta. Debemos llenar nuestra mente de la cristalina Palabra de Dios. No hay otro plan. ¡Vencemos al padre de las mentiras con la verdad!

Una batalla que se puede ganar

Quizá encontrará que ganar la batalla por su mente, al principio, será como dar dos pasos hacia delante y luego uno para atrás. Poco a poco llegará a dar tres pasos hacia delante y uno para atrás, y luego cuatro y cinco hacia delante a medida que aprenda a llevar cada pensamiento cautivo a la obediencia de Cristo. Quizá se desespere con todos los pasos que dará para atrás, pero Dios no dejará de apoyarlo. Recuerde, sus pecados ya están perdonados. Esta es una batalla que se puede ganar porque usted y yo ya somos vivos en Cristo y muertos al pecado. La guerra mayor ya la ganó Cristo.

La libertad de ser todo lo que Dios lo ha llamado a ser es la mejor bendición que se puede obtener en esta vida. Y vale la pena luchar por esa libertad. A medida que aprenda cada vez más acerca de quién es usted como hijo de Dios, el proceso se hará más fácil. Con el tiempo serán veinte pasos hacia adelante y uno para atrás, y al final todos los pasos serán hacia delante, con solo un resbalón de vez en cuando en la batalla por la mente.

CAPÍTULO OCHO

La recuperación en Cristo

*Cuando nombré a Jesús como mi ecólogo supremo,
la contaminación interna acumulada durante años
instantáneamente se hizo biodegradable.*
DONALD R. BROWN

Nancy, UNA FIEL ESPOSA Y MADRE, asistió a nuestra conferencia «Viviendo libre en Cristo». Durante las sesiones relaté varias historias de personas que habían experimentado abuso y encontrado su libertad en Cristo. Mientras Nancy oía los testimonios se sentía con náuseas, mareos y asco. Luego, en la semana, me confrontó con preguntas severas: «¿Por qué está contando estas historias horribles? Esos pobres niños no tienen la culpa. Estoy muy enojada con usted. ¿Por qué está haciendo esto?»

No me sorprendió la reacción de Nancy, porque la conferencia con frecuencia saca a la luz muchos problemas en las personas con los que estas no han lidiado. Le dije: «No relato estas historias con el fin de causar dolor. Son historias de victoria y esperanza. No creo que su respuesta tenga nada que ver conmigo ni con los testimonios. El Señor está usando esta conferencia para traer a la superficie algo en su vida que no se ha resuelto, y al maligno no le gusta. Él está detrás de su agitación. Le pido que hable con uno de los miembros del equipo de Pasos Hacia la Libertad en Cristo, quienes pueden organizar una cita de libertad para usted». Nancy se pasó el resto de esa mañana y parte de la tarde hallando su libertad en Cristo.

Dos semanas después, Nancy me contó su testimonio, el cual tenía que ver con una historia que ella con frecuencia les leía a sus niños, *The Bears on Hemlock Mountain* [Los osos del monte Cicuta]. Me relató cómo Jonathan, el personaje principal de la historia, subió la montaña para buscar un caldero grande para su mamá. En el camino cantaba: «No hay osos en el monte Cicuta. No hay osos. No hay osos. Nada de osos».

Sin embargo veía figuras oscuras en la distancia que parecían osos. Pero él aseguraba que no podían ser osos, porque no quería creer que había osos en el monte Cicuta. Así que siguió cantando: «No hay osos en el monte Cicuta. No hay osos. No hay osos. Nada de osos». Entonces vio un oso. Se escondió debajo del caldero para estar a salvo. Y permaneció así hasta que su padre y sus tíos llegaron con sus escopetas para rescatarlo de los osos.

Nancy dijo que se había enfrentado con una «figura oscura» de su pasado, pero que no había permitido que su mente aceptara la posibilidad de que hubiera osos en el monte de su dolor: «No hubo abuso sexual en mi pasado. Nada de abuso sexual». Pero había «pistas de osos» en todas partes. Las memorias del abuso sexual inundaban su mente, pero no quería reconocerlo y enfrentarse a la verdad. Se había escondido debajo de un caldero de negación hasta que no pudo aguantarlo más.

Durante la conferencia, había entendido que no tenía que temer más porque su Padre celestial había triunfado sobre las amenazas dolorosas del oso del abuso sexual. Ya había destruido al oso, y enfrentarse a la verdad era la única manera de bajar de la montaña. Después de renunciar al uso inicuo de su cuerpo y de perdonar a su abusador, había paz en su vida y seguridad al fin en el «monte Cicuta».

Quizá su experiencia se parece a la de Nancy. La verdad y los testimonios en los capítulos previos quizá han resaltado su vergüenza, fracaso y dolor en cuanto a la promiscuidad sexual, la desorientación sexual o el abuso sexual. Quizá lo ha negado durante años, insistiendo: «No tengo un problema». Pero su falta de paz y victoria en cuanto al pecado sexual en su vida lo va desgastando. A pesar de sus esfuerzos por evitarlo, sigue cayendo en los mismos pensamientos y comportamientos una y otra vez. Se siente demasiado cansado para seguir huyendo y está listo para quitarse de encima las cadenas de la esclavitud sexual de la manera en que Cristo lo posibilitó.

Como he indicado a través del libro, se llega a encontrar su libertad en Cristo luego de conocer y creer la verdad, seguido esto por un arrepentimiento genuino. Usamos Los Pasos Hacia la Libertad en Cristo en nuestro ministerio para guiar a los cristianos a través de un proceso de arrepentimiento que incluye someterse a Dios y resistir al diablo (Santiago 4:7).*

Tome la iniciativa

Un prerrequisito para encontrar su libertad de la esclavitud sexual es enfrentarse a la verdad, reconocer el problema y responsabilizarse por el cambio. Usted es responsable de confesar y arrepentirse de sus pecados. Nadie puede hacer eso por usted. Inherente en este proceso es su disposición a someterse a Dios por completo, sin tratar de ocultarle a Él nada. El Señor creó a Adán y Eva para vivir en una relación transparente con Él. Caminaban con Dios a diario en el huerto, desnudos y sin avergonzarse. Cuando pecaron, cubrieron su desnudez y trataron de esconderse de Dios. Es una actitud necia tratar de esconderse de un Dios que lo sabe todo. Erróneamente creemos que si nos mantenemos activos en las ocupaciones del día, escondidos en la oscuridad, Dios no nos verá. Debemos renunciar a nuestra postura defensiva y caminar en la luz de su presencia.

---

* La teología y proceso de los Pasos se explica en *Asesoramiento que discipula*, UNILIT, 1998. *Los pasos hacia la libertad en Cristo*, UNILIT 1997, se puede comprar en forma de libro en cualquier librería cristiana o de Freedom in Christ Ministries [Ministerios Libertad en Cristo]. También están incluidos en *Rompiendo las cadenas*, UNILIT, 1994.

El arrepentimiento significa tener un cambio de mentalidad. Es mucho más que solo reconocer mentalmente. Significa volvernos de nuestros caminos autoprotectivos y autoindulgentes y confiar en Dios. Significa dejar de guardar la iniquidad en nuestro corazón. El arrepentimiento tiene que ver no solo con *de qué* nos volvemos, sino también *a quién* nos volvemos. Debemos consagrar a Dios todo lo que tenemos y somos. Debemos ser mayordomos fieles de todo lo que Dios nos ha encomendado (1 Corintios 4:1-2). Tal compromiso debe incluir nuestras posesiones, nuestros ministerios, nuestras familias, nuestra mente y nuestro cuerpo físico. Debemos renunciar a todo uso previo de nuestra vida y de nuestras posesiones en el servicio del pecado y entonces dedicarnos al Señor. Al hacer esto, estamos diciendo que el dios de este mundo ya no tiene ningún derecho en cuanto a nosotros porque pertenecemos a Dios.

Pasos para tomar posesión de la herencia

En este momento, lo urjo a que obtenga una copia de Los Pasos Hacia la Libertad en Cristo. Estos pasos se desarrollaron para ayudarnos como creyentes a resolver los conflictos personales y espirituales. De este modo tomamos posesión de la libertad que se nos otorgó en la cruz y que el Cristo resucitado nos cedió plenamente. Los pasos cubren siete cuestiones críticas que afectan nuestra relación con Dios, cuestiones en las que usted quizá ha permitido que el príncipe de las tinieblas establezca fortalezas en su vida. Dios hizo todo lo necesario para hacerlo a usted libre. Es su responsabilidad apropiarse de lo que Él ha hecho y luego permanecer firme y resistir al maligno.

De cómo percibe usted la experiencia determinará, en gran parte, lo que obtiene de ella. Si ve Los Pasos Hacia la Libertad en Cristo como un medio para deshacerse de un mal hábito —como utilizar una técnica de consejería para moverse de una etapa de vida a otra— recibirá solo un beneficio limitado. Este proceso es un encuentro con Dios. No hay nada mágico en ello. Los pasos no hacen libre a una persona, Jesús lo hace. Jesús es el que rompe las cadenas y el único que puede darle libertad. Establecer su libertad en Él depende de su respuesta a Dios en arrepentimiento y fe.

Usted puede seguir este proceso solo, pero le será de gran ayuda dar esos pasos en una sesión con un amigo maduro o líder cristiano al que pueda rendirle cuenta y mostrarle objetividad. Permítase bastante tiempo para el proceso. Podrá requerir varias horas romper las fortalezas espirituales enemigas que se han erigido en su vida.

Pasos importantes para las víctimas sexuales

Hay dos de los pasos que es crucial que los procese si usted ha sido víctima de violación, incesto o cualquier otra forma de abuso sexual. Debido a su importancia, ambos asuntos se han mencionado antes en este libro. El primero es perdonar a los que lo han ofendido, y el segundo es romper los vínculos sexuales y emocionales que se formaron cuando lo violaron.

Elija la libertad

El perdón puede ser uno de los pasos más difíciles para cualquier persona que ha sufrido severamente a manos de un abusador sexual. Pero por más difícil que sea, perdonar a su ofensor en realidad hace que usted sea libre de su ofensa. El perdón es una elección, un acto de su voluntad. Usted debe perdonar por su propio bien. Es la única forma de ser libre de la amargura que puede haber llenado su corazón.

Al procesar esta información, Satanás quizá trate de convencerlo de que perdonar al ofensor de cierta manera justifica lo que él o ella hicieron. Eso es una mentira. Lo que el ofensor le hizo nunca se podrá justificar. A usted le robaron su seguridad y lo usaron para el placer de otro. Esa persona tiene con usted una deuda que nunca podrá pagar. Las injusticias del pasado no se convierten en justicia cuando perdona, pero al perdonar puede ser libre de ellas.

Al perdonar, debe renunciar a su ira, la cual quizá usa para protegerse de otras violaciones. Su ira es una señal de que lo han amenazado o herido, y una motivación a hacer algo. La acción correcta es perdonar y luego establecer barreras bíblicas para que el ofensor no pueda hacerle daño otra vez. Cuando le haga frente a la ofensa, la ira se disipará. Cuando elija perdonar enfrentándose a todos sus recuerdos dolorosos —el odio, el dolor, la fealdad absoluta de lo que el ofensor le hizo— encontrará la libertad (el tercer paso lo guiará a través de este importante proceso).

Cómo romper vínculos inicuos

Otro paso vital para obtener la libertad de agravios del pasado es pedirle a Dios que rompa los vínculos espirituales que se formaron cuando a usted lo violaron sexualmente. Cuando un esposo y su esposa consuman su matrimonio físicamente, se convierten en una sola carne. Un vínculo físico, emocional y espiritual se forma. Cuando su cuerpo se usó con propósitos sexuales malvados, un vínculo se formó, no el santo vínculo que Dios ordenó para el matrimonio, sino un vínculo profano. Quizá usted participó involuntaria o inconscientemente en esta unión, pero un vínculo se formó a pesar de esto.

He aprendido a través de una dilatada experiencia a alentar a las víctimas de abuso sexual a que le pidan al Señor que les revele cada uso sexual de su cuerpo como instrumento de iniquidad. Una vez las experiencias salen a la luz y se renuncia a ellas, el vínculo queda roto (el sexto paso lo guiará a través del proceso de romper las uniones sexuales con los abusadores).

Beth había sufrido abuso sexual, y su comportamiento estaba haciendo trizas a sus padres y destruyendo un hogar cristiano. Casi nunca tenemos buenos resultados cuando los padres son los que hacen una cita para hijos que no quieren ayuda, pero en este caso sus progenitores me aseguraron que ella me quería ver.

Lo primero que dijo cuando me vio fue: «¡No quiero estar bien con Dios ni nada parecido!» He aprendido con el paso del tiempo que declaraciones como esa son solo una evasión, así que no permito que me desanimen. Le dije: «Estoy dispuesto a aceptar tus decisiones. Pero ya que estás aquí, quizá pudieras decirme qué daño te han hecho». Me relató entonces cómo el «héroe» de su escuela secundaria la violó en la misma escuela. En ese momento se sentía demasiado avergonzada para decírselo a alguien, pero no tenía idea de cómo resolver el problema. Ya que había perdido su virginidad, empezó a ser sexualmente promiscua, y vivió de vez en cuando con un inmoral.

Le pedí permiso a Beth para guiarla a través de Los Pasos Hacia la Libertad en Cristo, y ella accedió. Cuando la invité a que le pidiera al Señor que le trajera a su mente cada uso sexual de su cuerpo como un instrumento de iniquidad, dijo: «¡Me daría mucha vergüenza!» Así que salí del cuarto, mientras una compañera de oración la ayudaba en el proceso. Esa noche cantó en la iglesia por primera vez en años. Estaba experimentando libertad.

Un nuevo comienzo

Los Pasos Hacia la Libertad en Cristo no son un fin en sí. Ofrecen un nuevo comienzo. Algunas personas, cuando comienzan a dar los pasos sienten la primera gran victoria en una guerra que continuará. El siguiente testimonio es de un hombre que una vez fue esclavo de casi cada forma de esclavitud sexual mencionada en este libro. Ilustra el proceso de obtener la libertad en Cristo victoria a victoria.

Mi papá se fue del hogar cuando yo tenía cuatro años. Cada día le imploraba a Dios que me devolviera a mi padre, pero nunca regresó. Así que mi mamá, mi hermano y yo nos mudamos con mis abuelos. Me desconecté de Dios temprano en la vida porque nadie intentó explicarme por qué nunca contestó mis peticiones.

Una noche mi abuelo se desvistió delante de mí y de mi abuela. Tenía una erección. Aunque no hizo nada para herirme, el acto de indiscreción de mi abuelo dejó una huella terrible en mi mente, que se manifestó años después.

En ausencia de mi padre, como muchacho me apegué bastante a mi abuelo. Creía que me amaba. No me importaba que le hubiera sido infiel a mi abuela, que hubiera abusado sexualmente de mi mamá y que se estuviera convirtiendo en un alcohólico. Cuando mi mamá se casó de nuevo y nos mudamos, sentí que había perdido a mi papá por segunda vez, pero no me molesté en pedirle ayuda a Dios, porque creía que Él me había fallado.

Nos mudamos todos los años mientras yo crecía. Cada vez que encontraba un amigo, nos mudábamos de nuevo, lo que mantenía abiertas las heridas del abandono y la soledad. Sufría cada una de las pérdidas e hice lo posible para protegerme de que me hirieran de nuevo.

Creía que yo era diferente a la mayoría de los muchachos. Empecé a jugar sexualmente con algunos de mis amigos durante la escuela primaria. Las voces en mi cabeza me decían que estaba bien porque yo había nacido así. Tenía un tremendo vacío en mi vida de alguien masculino, y mi corazón ardía con deseo. La memoria de ver a mi abuelo con una erección incitó una fascinación por ver a niños y a hombres desnudos. El voyeurismo se convirtió en un estilo de vida para mí.

Mientras tanto, mi familia se estaba deshaciendo por los conflictos. Las discusiones y peleas me avergonzaban. Yo era un chico leal y sensible que se preocupaba mucho por todos en mi familia. Traté de convencer a los padres de mis amigos para que me adoptaran para escapar de la confusión, pero no dio resultado. Por fin me separé completamente de mi mamá y mi hermano.

Como un adolescente y joven adulto, me lancé por completo al mundo gay. Era adicto a ver a los hombres en los baños públicos y visitaba las barras gay casi cada noche. Cuando encontré un amante homosexual, creía que por fin había encontrado un hombre que me amaría y se quedaría conmigo por siempre. Yo tenía una dependencia emocional con él. Cuando la relación terminó, después de tres años, caí en una depresión profunda. Estaba perdido y en bancarrota emocional. La noticia de la muerte de mi hermano añadió a mi vida una sensación de desesperación y abandono.

En su funeral compré una Biblia, pero no sé por qué. La dejé en mi mesa de noche con una cruz que alguien me había dado. No me atrevía a moverla. Me sentía aterrado cada noche y también sentía una horrible presencia oscura a mi alrededor. Alguien me dijo que tomara la cruz y gritara: «Te ato en el nombre de Jesucristo de Nazaret». Lo hice cada noche con las sábanas tapándome hasta el cuello. Pero algo seguía atormentándome.

Al fin comencé a leer la Biblia y asistir a la iglesia. Acepté al Señor en un culto de bautismo y dejé por completo el estilo de vida homosexual. Estudié la Palabra con seriedad, pero con mi trasfondo era fácil caer en el legalismo. Yo no entendía la gracia y el perdón. La Biblia hablaba mucho de la inmoralidad sexual y claramente prohibía el comportamiento homosexual. Me preguntaba: «Si soy cristiano, ¿por qué sigo sintiendo las mismas tendencias homosexuales?» Mientras más trataba de hacer lo que la Biblia decía y lo que los demás esperaban de mí, más culpable me sentía. No me atrevía a decirle a nadie lo que estaba sintiendo. El voyeurismo se hizo tan intenso que me llevó a una esclavitud incontrolable a la masturbación.

Cuando comencé a enseñar en una clase de la Escuela Dominical, las voces en mi cabeza me condenaban a diario y me acusaban de hipócrita. Estaba atormentado. Mientras más luchaba leyendo la Biblia y sirviendo al Señor, más era la opresión. Los pensamientos inmorales me dominaban la mente. Experimentaba sueños sexuales muy intensos. Estaba fuera de control y recayendo rápidamente. Volví de nuevo a los baños públicos. Hablé con consejeros cristianos y pastores, pero me parecía que nadie podía darme una solución a mi problema. Quería seriamente conocer y servir al Señor.

Un amigo que sabía de mis luchas me dio una copia de *Victoria sobre la oscuridad*, de Neil Anderson. Cuando comencé a leerlo, parecía que lo habían escrito acerca de mí. Por primera vez entendí cómo me había metido en esta situación horrible y cómo podría salir. Nadie me había dicho que yo era un hijo de Dios, que Dios me había escogido como su amigo, que me amaba a mí específicamente. Yo había aprendido acerca de Dios intelectualmente, pero a través de la lectura de este libro por fin conocí a mi tierno y amoroso Padre de manera personal.

Cuando leí *Rompiendo las cadenas*, comprendí que estaba oprimido espiritualmente. Había participado en casi todas las cosas en el inventario de experiencias espirituales no cristianas que aparece al final del libro. Comencé a entender mi vida opresiva de pensamientos, mi rampante voyeurismo y baja autoestima. Descubrí que entender que soy un hijo de Dios era la respuesta a cómo romper el ciclo destructivo que había estado presente en mi familia por generaciones.

Aprendí que Jesús es el que rompe las cadenas y que tengo autoridad sobre el reino de las tinieblas porque estoy sentado con Cristo en lugares celestiales. Sin embargo, mientras más aceptaba estas verdades, más me atacaban. Me estaba desintegrando emocionalmente. Tenía que ver a Neil Anderson.

Asistí a una de sus conferencias y mi vida entera se transformó. Un miembro de su equipo se reunió conmigo en una sesión de cuatro horas. Nunca nadie había querido pasar tanto tiempo conmigo. Me sentí libre por primera vez en mi vida. No obstante, mi necesidad desesperada de aprobación me impedía ser totalmente sincero en la sesión de consejería.

Dos días después, Neil habló acerca de perdonar a los demás. Le pregunté si una persona debe llorar cuando perdona a alguien. No me contestó. Me obligó a pensarlo. Cuando iba de regreso a mi hotel, le dije al Señor que realmente quería perdonar a mi papá y a mi padrastro por no valorarme. Entonces el Señor me dejó sentir el dolor de haber pasado por eso. Me dio un vislumbre de su dolor en la cruz. Lloré tanto que no pude seguir conduciendo. Entonces pensé en las mujeres en mi vida que me habían herido tanto. Las compuertas se abrieron a la vez que perdoné a cada persona de corazón.

Era libre, pero Neil me dijo que las personas que han estado atadas por mucho tiempo son más como cebollas que como bananas. Uno pela una banana solo una vez. Pero las cebollas tienen muchas capas. Me advirtió que yo había completado de forma exitosa por lo menos una capa de mi problema. Otras capas podrían emerger, pero por lo menos yo sabía cómo responder cuando esto sucediera.

Después de un par de meses, el brillo de mi libertad disminuyó. Comencé a decaer y volví a convertirme en un voyeurista. Leí los libros de Neil *Libre de ataduras* y *Cómo hallar la voluntad de Dios en tiempos espiritualmente engañosos*. Luché contra el ataque y resolví el asunto. Otra capa de la cebolla cayó. Sentí que la batalla me renovó, pero a su vez me desgastó. No estaba leyendo la Palabra ni orando mucho. No tenía ganas de hacerlo.

Así que empecé a leer el libro devocional de Neil y Joanne, *Diariamente en Cristo*. Estaba lleno de culpabilidad debido a mis deslices mentales hacia el voyeurismo y la masturbación. ¿Cómo podía ser tan hipócrita de enseñar en la Escuela Dominical? Le dije al Señor que en realidad lo amaba y que quería servirlo. Entonces decidí demostrarlo. Siempre le había tenido temor a los votos, pero hice uno. Le dije al Señor que yo era su hijo y que el bautismo no me salvaba, pero que quería levantar un hito para el Señor, así como hicieron los israelitas cuando cruzaron el Jordán.

Hice el voto, y el Señor lo honró más allá de mis expectativas más grandes. Me confirmó que yo era un hijo de Dios y que me amaba. Una vez que me sometí completamente a Él y dejé de tratar de arreglarme a mí mismo, Él pudo hacerlo por mí.

La masturbación terminó de manera instantánea y no ha regresado. El voyeurismo también se acabó. He aprendido a llevar cada pensamiento cautivo a la obediencia a Cristo. Ahora mido todas las cosas que vienen a mi mente contra lo que el Señor dice en su Palabra, y la verdad me ha hecho libre.

Ahora que sé que soy un hijo de Dios no tengo baja autoestima, ni complejo de inferioridad ni pensamientos obsesivos, negativos o perversos, ni comportamientos secretos. Lancé la última capa de la cebolla como un cohete. Quizá aparezcan otras capas más adelante, pero esta vez voy armado con el cinto de la verdad del Señor.

Mantenga su libertad

Su experiencia de arrepentimiento al dar Los Pasos Hacia la Libertad en Cristo puede ser diferente a la de otras personas. Cada individuo es único, y cada uno tiene su grupo especial de conflictos. Algunas personas se siente alborozadas por la sensación de paz que sienten por primera vez. Otras quizá tengan que atravesar muchas capas. Si usted tiene memorias reprimidas, he hallado que Dios en su bondad se las revelará una por una, quizá porque no podría enfrentarlas todas a la vez.

Pablo escribió: «Cristo nos libertó para que vivamos en libertad» (Gálatas 5:1, NVI). Una vez que hayamos probado la libertad en Cristo, debemos mantener nuestra relación con Dios continuando firmes en la verdad de su Palabra. Pablo completa el versículo exhortándonos: «Por lo tanto, manténganse firmes y no se sometan nuevamente al yugo de esclavitud». La libertad es nuestra herencia, pero no debemos convertir nuestra libertad en reglamentos ritualistas, lo cual es legalismo, ni en una oportunidad para dar gusto a las tendencias de la carne, lo cual es licencioso (Gálatas 5:13). Los pasos que dé para experimentar la libertad en Cristo no son el fin de la jornada sino el principio de un andar en el Espíritu. Por lo tanto, les digo como Pablo en Gálatas 5:16:

«Andad en el Espíritu, y no
satisfagáis los deseos de la carne».

1. Según un editorial del caricaturista Steve Benson, ganador del premio Pulitzer, en la edición del *Arizona Republic* del 24 de junio de 2003. Él, además, declaró: «La batalla se acabó, los homosexuales han ganado». En la edición del 6 de agosto de 2003 de la misma publicación, se informó que la Iglesia Episcopal de los Estados Unidos había confirmado a su primer obispo, que era abiertamente homosexual, Gene Robinson, quien había abandonado a su esposa y familia para vivir con otro hombre.

2. Centros para el control y la prevención de enfermedades, *Tracking the Hidden Epidemics: Trends in STDs in the United States*, 2000, p. 1. Acceso por medio de la Internet en www.cdc.gov/nchstp/dstd/Stats_Trends/Trends2000.pdf.

3. S.J. de Vries, «Sin, sinners», G. Buttrick et al., *Interpreter's Dictionary of the Bible*, vol. 4, Abingdon, Nashville, TN, 1962, p. 365.

4. De Vries, p. 366. De Vries llega a su conclusión basándose en lo siguiente: «La participación colectiva en el pecado se imprimió profundamente en el pueblo ... Los profetas proclamaron que no eran solo unos pocos individuos malos, sino la nación entera, que estaba cargada de pecado (vea Isaías 1:4). Generación sobre generación acumulaba ira. Por lo tanto fue fácil para los que al fin fueron obligados a sufrir las dolorosas consecuencias protestar que todos los efectos de la culpabilidad colectiva estaba cayendo sobre ellos. Los que estaban en cautiverio lamentaban: "Nuestros padres pecaron, y han muerto; y nosotros llevamos su castigo" (Lamentaciones 5:7). Aun tenían un proverbio: "Los padres comieron las uvas agrias y los dientes de los hijos tienen la dentera". Tanto Jeremías como Ezequiel protestaron esto (vea Jeremías 31:29,30; Ezequiel 18; 33:10-20). Ningún hijo sería responsable de los crímenes de su padre. "El alma que pecare, esa morirá" (Ezequiel 18:4)».

5. Maxine Hancock y Karen Burton-Mains, *Child Sexual Abuse: A Hope for Healing*, Harold Shaw Publishers, Wheaton, IL, 1987, p. 12.

6. Herant A. Katchadourian y Donald T. Lunde, *Fundamentals of Human Sexuality*, 3ra ed. Holt, Rinehart and Winston Publishers, New York, 1987, p. 379.

7. Adaptado de Neil T. Anderson, *The Bondage Breaker*, Harvest House Publisher. Eugene, OR, 2000, pp. 53-57. Su título en castellano es *Rompiendo las cadenas*, Editorial UNILIT, Miami, Fl.

Para contactar a Freedom in Christ Ministries:
9051 Executive Park Drive, Suite 503
Knoxville, TN 37923
Teléfono: (865) 342-4000
Correo electrónico: info@ficm.org
Sitio en la red: www.ficm.org